国家社会科学基金青年项目"二元经济转型视域下供给侧结构性改革研究"(项目号：17CJL006)

国家社科基金丛书
GUOJIA SHEKE JIJIN CONGSHU

二元经济转型视域下
供给侧结构性改革研究

Research on Supply-Side Structural Reform
in the Perspective of Dual-economic Transition

孙亚南 著

人民出版社

前　言

　　我国已进入开启全面建设社会主义现代化国家新征程、向第二个百年奋斗目标进军的新发展阶段,如何处理好工农关系、城乡关系,在一定程度上决定着现代化的成败。中国长时间处在典型的二元经济发展阶段,城乡二元结构是我国需要直面和着力化解的一个主要结构问题,实现二元经济转型也是当前我国经济发展的重要使命。改革开放以来,我国农业劳动力向城市和非农部门的转移形成了人类历史上最大规模的人口迁移。二元经济转型在不同阶段生产技术水平不同,呈现出的特征及表现形式差别化,要求相应的组织制度与之相适应。如何采取适宜的制度安排,甚至需要超前的制度供给与改革举措,才能避免陷入相应的发展阶段陷阱,助推我国迈向高收入国家行列,基本实现社会主义现代化,这是摆在每一位理论工作者面前的重大任务。

　　当前我国城乡二元结构特征已发生了变化,需要应对各种前进中的问题、变化中的挑战,表明原有推进二元经济转型的发展方式已不再适用。当前,我国发展最大的不平衡是城乡发展不平衡,最大的不充分是农村发展不充分,且正处于破除城乡二元结构、健全城乡融合发展体制机制的窗口期。基于体制转轨的制度条件、人口大国的资源禀赋、新一轮科技革命和产业变革,数字经济新模式和新业态蓬勃发展,再加上新冠疫情的全球大流行以及国际力量对比深刻调整等特殊国情与时代背景,无论是发达国家还是亚洲"四小龙"等新兴经济体和地区的二元经济转型,都不能为中国二元经济转型提供可以遵循的现成经验;无论是古典、新古典、凯恩斯主义二元经济模型,还是20世纪80年代以来具有理论综合特点的二元经济理论,都不能为中国制度变迁背景下的二元经济转型提供现成的理论解释,更难以为推动这一转型提供既具有宏观指导意义又具有实际可操作性的对策建议。

供给侧结构性改革是党中央从中国现实国情出发提出的治国方略,是中国特色社会主义理论在新时代的创新发展,为实现二元经济转型开辟了新思路、注入了新智慧。本书立足社会主义发展中大国转型发展的基本国情,根据我国二元经济转型的特殊性与阶段性特点,采用深化供给侧结构性改革的办法来破解当前二元经济转型的难题,从人口红利向改革红利转变。本书主要采用马克思主义政治经济学的研究方法,遵循着"为何改—改什么—怎么改"的思路,着重研究二元经济转型视域下供给侧结构性改革这一问题,始终瞄准制约二元经济转型的体制性问题与机制性障碍,在把握方向和厘清思路的基础上,既立足当前又着眼长远地"对症下药"。

本书除导论外,研究内容共六章,具体如下:第一章、第二章内容构成本书的理论基础,在对供给侧结构性改革相关文献综述基础上构建"二元经济转型视域下供给侧结构性改革研究"的理论研究架构。第三章、第四章内容主要是分析基于二元经济转型视域进行供给侧结构性改革的原因,即"为何改"。第五章内容是探寻二元经济转型视域下供给侧结构性改革的重点方向在哪里,即"改什么"。第六章内容探讨二元经济转型视域下供给侧结构性改革下一步怎么办的问题,即"怎么改"。

二元经济转型进程中推进供给侧结构性改革不仅是在解决不平衡发展或共同富裕问题,也是在回应不充分发展或经济增长问题。研究成果必将助推我国实现高质量发展、促进新型工农城乡关系的构建以及全面建设社会主义现代化国家。

目　录

导　　论

第一节　问题缘起与研究价值

一、问题缘起

当今世界正处于百年未有之大变局。一方面,我国人均 GDP 已经超过 1 万美元,稳步迈向高收入国家行列,常住人口城镇化率超过 64%,农民工总量超过 2.8 亿人,城乡商品和要素呈现加速流动态势,城乡居民收入水平和消费水平不断提高,居民消费结构也发生了深刻转变,我国已开启全面建设社会主义现代化国家的新征程,靠原有发展模式难以实现新的目标。另一方面,全球化与逆全球化相互交织,经贸摩擦此起彼伏,地缘冲突持续发酵,新冠疫情①加剧世界动荡变革,也使全球供应链出现了本地化、区域化、分散化的趋势。我国发展面临的外部环境和内部条件正在发生深刻复杂变化,经济增速放缓,需要挖掘新的增长潜力和结构性潜能。站在新的起点,面临新的形势,需要解决新的问题。"十四五"规划强调,要以深化供给侧结构性改革为主线,以改革创新为根本动力,促进经济实现高质量发展。

---

①　指 2019 年年底至今流行的新型冠状病毒疫情,本书在下文简称"疫情"。

深入推进供给侧结构性改革,必须坚持问题导向。我国已进入开启全面建设社会主义现代化国家新征程、向第二个百年奋斗目标进军的新发展阶段,农业农村现代化是短板。习近平总书记指出:"没有农业农村现代化,就没有整个国家现代化。在现代化进程中,如何处理好工农关系、城乡关系,在一定程度上决定着现代化的成败……我国发展最大的不平衡是城乡发展不平衡,最大的不充分是农村发展不充分。"①我国自 20 世纪 40 年代末期以来始终存在城乡二元结构问题,尤其是改革开放以来,我国农业劳动力向城市和非农部门转移是人类历史上最大规模的人口迁移。随着时间的推移,二元经济转型在不同阶段生产技术水平不同,呈现出差别化的特征及表现形式,要求相应的组织制度与之相适应,采取适宜的制度安排,甚至需要制度的超前供给,才能避免陷入相应的发展阶段陷阱,顺利实现二元经济转型。习近平总书记指出:"今后 15 年是破除城乡二元结构、健全城乡融合发展体制机制的窗口期。"②

根据既有文献的相关研究,仅有少数学者探讨了如何进行供给侧结构性改革以促进二元经济结构转型,虽然这些研究为本书的深入探索提供了基础和思路,但是由于遵循刘易斯—费景汉—拉尼斯模式的研究范式和二元经济转型阶段性判断的学术观点,缺少对二元经济转型阶段性和中国二元经济转型特殊性的深入研究,进而难以提供契合中国二元经济转型实际的改革思路与对策建议。本书提出采用深化供给侧结构性改革的办法来破解当前二元经济转型的难题,从人口红利向改革红利转变。在二元经济转型关键阶段,通过供给侧结构性改革,能够不断消除阻碍经济转型与经济发展的体制机制梗阻点,促进城乡生产要素的自由流动;提高农产品的供给质量和效率,促进城乡公共资源和公共服务均等化;推进以县域为载体的城乡融合,将在新的空间形态下,培育并扩大内需;激发微观主体积极性,促进技术变革和制度创新推动

① 习近平:《把乡村振兴战略作为新时代"三农"工作总抓手》,《求是》2019 年第 11 期。
② 习近平:《坚持把解决好"三农"问题作为全党工作重中之重 举全党全社会之力推动乡村振兴》,《求是》2022 年第 7 期。

发展方式从要素驱动型向创新驱动型转变,才能不断激发经济发展动力。

二、研究价值

(一)理论价值

第一,运用生产力与生产关系的辩证关系理论研究二元经济转型视域下供给侧结构性改革问题,有助于促进马克思主义政治经济学的创新与发展。

供给侧结构性改革是以习近平同志为核心的党中央在深刻分析、准确把握我国现阶段经济运行主要矛盾基础上的重大理论创新和实践创新,是中国特色社会主义政治经济学的重要组成部分。梳理既有文献,基于二元经济转型视域研究供给侧结构性改革仍是学术界研究的薄弱环节,更是学术界需要拓展的研究领域。二元经济转型是发展中国家面临的普遍任务,而我国城乡发展不平衡、农村发展不充分问题尤为突出,本书基于二元经济转型视域探讨供给侧结构性改革这一问题,将我国经济转型与经济发展的实践经验上升到理论层面,有助于弥补现有理论不足,进一步丰富中国特色社会主义政治经济学的相关理论。

马克思认为人类社会发展的根本动力源于生产力与生产关系的矛盾运动。长期以来,人们常用马克思生产力与生产关系的理论来说明人类社会从低级形态向高级形态的发展,却很少用这一理论来解释二元经济转型中供给侧结构性改革。本书以生产力与生产关系辩证关系理论作为理论基础,把二元经济转型看作是生产技术与组织制度二元性的双重转换过程,分析了供给侧与需求侧在二元经济转型中的相互作用及其动态演进,提出二元经济转型过程三大阶段都需要随着制度安排的重大调整。而二元经济转型中供给侧结构性改革就是通过变革生产关系和上层建筑以及采取适宜的制度供给以适应二元经济转型不同发展阶段生产力水平的变化,并总结二元经济转型不同阶段供给侧结构性改革的路线安排。这些理论概括有助于把马克思主义政治经济学基本原理与中国经济转型发展的具体实践相结合,注重完善生产关系又突出发展社会生产力,增强马克思主义政治经济学对现实经济生活的解释力,必然推动马克思主义政治经济学的创新与发展。

第二,修正与完善二元经济理论,有利于促进中国发展经济学的创新与发展。

当前我国正处于二元经济转型关键阶段,无论是古典、新古典、凯恩斯主义二元经济模型,还是20世纪80年代以来具有理论综合特点的二元经济理论,都无法为我国二元经济转型提供现成的理论解释,更难以提供既具有宏观指导意义又具有实际可操作性的对策建议。而梳理既有文献,关于二元经济转型的研究主要建立在刘易斯—费景汉—拉尼斯模型的基础上,并未细致地辨析该模型背后的隐含假设与中国本土化实践的匹配问题。刘—费—拉模型假设发展中国家的市场是健全有效的,认为"要素市场有效率",这不仅不符合中国经济转型与经济发展的实际,也在不同程度上忽视了制度因素在二元经济转型中的作用。本书将供给侧结构性改革与二元经济相结合,提出要素市场在不断完善正是我国二元经济转型视域下供给侧结构性改革的基本背景,指出当前我国劳动力、土地、资本、信息城乡要素流动不顺畅,传统要素存在普遍性配置扭曲特征,数据新型生产要素尚未充分利用,并提出了切实可行的相关改革措施以促进城乡生产要素市场化,有助于弥补传统二元经济理论刘—费—拉模型的不足。此外,本书以马克思生产力与生产关系理论作为基础,不仅将二元经济理论建立在更加科学的基础之上,而且吸收与借鉴古典、新古典、凯恩斯主义等各学术流派的二元经济理论,结合当前中国转型发展实际,重点分析了二元经济转型视域下供给侧结构性改革"为何改""改什么""怎么改"三大突出问题。这些研究和深入探索将二元经济理论的一般结论与国家的经济发展特征相结合,尤其是将中国特色的体制特征加入其中,提高了理论的解释力和鲜活性,有助于修正与完善二元经济理论,促进了中国发展经济学理论的创新与发展。

（二）应用价值

第一，有助于转变经济发展方式，实现高质量发展，完成二元经济转型。

当前，我国二元经济转型进入中后期，与此前的二元经济转型初期相比，经济发展面临着劳动力供给加速减少、劳动力成本上升加快、资源环境与市场需求约束更加强化，国际市场竞争加剧等诸多难点问题，导致我国经济增长潜能难以释放，高质量发展面临障碍。这表明原有的重视物质资本而忽视人力资本、依靠要素投入而忽视技术创新、制度创新与全要素生产率提高的经济发展方式已不再适用。若能顺利地实现经济发展方式的转变，进行相应的供给侧结构性改革，中国就可以进一步提高经济增长潜力，促进经济实现高质量发展，跨越中高等收入阶段，完成二元经济转型。本书立足社会主义发展中大国经济社会转型的特殊国情，结合具有中国特色的经济转型与经济发展实践，基于二元经济转型视域探讨供给侧结构性改革这一问题，从二元经济转型阶段性、二元经济转型特殊性与滞后性、转型外部条件出发说明当前进行供给侧结构性改革的必要性，从改思路方向、改要素供给、改产品供给、改制度供给四方面提出供给侧结构性改革的重点方向。以此为基础，作出二元经济转型视域研究供给侧结构性改革的机制设计，并且探讨如何通过供给侧结构性改革，推进科技创新和制度创新，突破资源环境约束，实现发展方式从要素驱动型向创新驱动型经济发展方式的根本转变，提高供给的质量和效率，实现要素优化配置，对促进我国推动高质量发展，迈向高收入经济体行列，最终完成二元经济转型，具有重要现实意义。

第二，有利于推动农业农村现代化，进一步开拓国内市场，加快构建"双循环"新发展格局。

当今世界正处于百年未有之大变局。一方面，我国已进入开启全面建设社会主义现代化国家新征程、向第二个百年奋斗目标进军的新发展阶段，农业农村现代化是短板，靠原有发展模式无法实现新的目标；另一方面，全球化与逆全球化相互交织,经贸摩擦不断升级,新冠疫情也使全球供应链出现了本地化、区域化、分散化的趋势。作为世界上最大的发展中国家,我国开拓国内市场的最大潜力在农村,中等收入群体的扩大需要重视农民工群体,加快农民工市民化。研究二元经济转型视域下供给侧结构性改革,不仅要促进高质量农产品供给,还要缓解城乡公共资源配置失衡的局面,并提出健全城乡融合发展的制度安排,全面推进乡村振兴的对策建议,着重推动土地制度改革,推进农业科技体制改革以及建设现代化农业发展体系等。这些思路对策不仅有助于补齐中国经济发展中的"三农"短板,助推农业农村现代化,还可以通过工农互促、城乡互补,全面推进乡村振兴,进一步开拓国内农村市场;而推进以县域为载体的城乡融合,将在新的空间形态下,培育并扩大内需,必将全面释放消费和投资潜力,形成以国内大循环为主体、国内国际双循环相互促进的新发展格局。

第二节　基本框架与研究方法

一、基本框架与逻辑进路

本书以马克思主义政治经济学基本原理为指导,综合运用马克思主义政治经济学、发展经济学、新制度经济学、劳动经济学、计量经济学等理论,在构建理论架构的基础上,梳理二元经济转型视域下供给侧结构性改革的背景及必要性,提出改革的重点,并对近年来供给侧结构性改革对二元经济转型影响进行计量检验。最后根据国际经验与我国二元经济转型阶段经济社会发展状况,提出二元经济转型视域下供给侧结构性改革的机制设计与思路对策。在上述从具体到抽象分析的基础上,以二元经济转型为视角,以供给侧结构性改革为重点,遵循科学思维规律,根据逻辑自洽、逻辑与历史相统一的原则,在构建相关理论架构的基础上,沿着"为何改—改什么—怎么改"的思路展开研究,形成了基本框架。本书共包括六章的研究内容,这些章紧密相联、相互贯通。

第一章是供给侧结构性改革研究现状分析。本章从供给侧结构性改革的背景、内涵以及理论基础,二元经济与供给侧结构性改革相结合四大方面进行文献回顾,在此基础上进行文献述评,供给侧结构性改革理论的发展源于新时代现实经济发展的需要;基于二元经济转型视域探讨供给侧结构性改革是当前学术研究的短板。通过本章的研究,进一步明确了本书二元经济转型的研究视角,以及二元经济结构与供给侧结构性改革契合的研究重点。

第二章是二元经济转型视域下供给侧结构性改革的理论架构。这一章提炼的一些理论观点也是本书的创新之处。基于马克思主义政治经济学的生产力与生产关系的辩证关系阐述二元经济转型的理论释义,根据经典的刘易斯—费景汉—拉尼斯模型分析二元经济转型的核心机制为农业剩余劳动力转移问题,并对一个经济体二元经济转型的三大发展阶段进行厘清。创新地阐释供给侧与需求侧在二元经济转型中的相互作用及动态演进机制,并从结构性与总量性两大方面进行考察。在此基础上,概括二元经济转型视域下供给侧结构性改革的基本含义,并进行系统阐释,从生产关系对生产力的反作用角度论述基于二元经济转型视域进行改革的理论基础。梳理出二元经济转型不同阶段即二元经济转型初期、刘易斯转折阶段、二元经济转型后期供给侧结构性改革的路线选择。这一章的理论分析为后续研究提供了具体的理论指导和方法论原则。

第三章是基于二元经济转型视域分析供给侧结构性改革背景。本书根据计量经济学分析方法对当前的二元经济转型进行阶段划分,运用直接判断标准和辅助判断标准得出我国刘易斯第一转折点出现在2005年左右,刘易斯第二转折点预测在2030年左右的结论。这一结论不仅与大多数学者的观点基本一致,也符合中国二元经济转型的实际。以此为基础,对我国新中国成立以来的二元经济转型分为四大阶段进行历史考察。二元经济转型初期,通过农业劳动力转移促进了我国经济增长率的显著提升。而当转型进入到刘易斯转折阶段,劳动力从无限供给转为有限供给,人口转变进入新阶段,人口红利式微,经济增长的供给侧受阻,经济从高速增长转向中高速增长。需要通过深化改革予以应对,供给侧结构性改革应运而出。

第四章供给侧结构性改革是当前中国二元经济转型的关键。这一章主要分析基于二元经济转型进行供给侧结构性改革的必要性。首先,在总结概括刘易斯转折阶段所面临的劳动力成本上升、农业劳动生产率提高缓慢、资本缓解成本上升等症结性难题基础上,提出推进供给侧结构性改革是当前我国跨越二元经济转型关键阶段有效途径。其次,我国二元经济转型呈现特殊性与滞后性,其经济效应和社会效应负面作用明显,提出推进供给侧结构性改革是我国二元经济转型呈现特殊性与滞后性的双重特征使然。最后,我国人口老龄化提前到来,呈现"未富先老"特征;第四次工业革命兴起以及面临着正在到来的全球化4.0时代,我国经济实力日益增强,影响力不断扩大;再加上新冠疫情的影响,对有效需求、产业结构与就业都产生了深远影响,提出推进供给侧结构性改革是中国应对二元经济转型外部条件变化的有力举措。

第五章二元经济转型视域下供给侧结构性改革的重点,这也是本书的创新之处。这一章主要针对目前我国二元经济转型面临的症结性问题,提出下一步改革的重点领域。第一,改革思路方向:加快向创新型发展方式转变。从一般性理论分析了向创新型发展方式转变的必要性,根据我国特殊性的国情分析,指出向创新型发展方式转变的重要性。二元经济转型进入中后期,要求我国需要加快从要素驱动型向创新驱动型发展方式进行根本转变。在这一思路的指引下,对要素、产品进行供给侧结构性改革。第二,改革要素供给:推动城乡要素有序流动。从二元经济理论分析,二元经济转型过程是要素在城乡间的流动与优化配置过程,但在实践中,我国劳动力、土地、资本、信息城乡要素流动不顺畅,传统生产要素配置扭曲,数据新型生产要素尚未利用,提出推动城乡要素有序流动的思路方向。第三,改革产品供给:提高供给的质量和效率。从市场需求层面看,市场需求呼唤供给质量和效率的提高,但供给层面,高质量农产品供给不足与城乡公共资源配置失衡并存。提出提高供给的质量和效率的思路方向。

第六章是二元经济转型视域下供给侧结构性改革的对策探讨。本章遵循系统性、制度性、整体性、可行性、协同性、差异性的原则,在把握方向和厘清思路的基础上,既立足当前又着眼长远地"对症下药",分析二元经济转型中后期供给侧结构性改革下一步怎么办,聚焦创新型发展方式的转变、城乡融合发展的制度安排、日益突出的农业转移人口非市民化负面效应三大方面,提出思路对策,也全面覆盖了第五章提出的供给侧结构性改革的重点方向,做到前后呼应,逻辑一致。

二、研究方法与主要应用

本书总体上坚持了马克思主义政治经济学的研究方法。唯物辩证法是主要分析方法,逻辑演绎与经验实证相结合作为辅助分析方法。

(一)主要分析方法:唯物辩证法

本书总体上坚持了马克思主义政治经济学的研究方法。唯物辩证法是马克思主义政治经济学研究的具体运用,体现为科学抽象法、矛盾分析方法、历史与逻辑相统一的方法。

1. 科学抽象法

具体表现为由具体到抽象的研究方法和由抽象到具体的叙述方法。本书在经典二元经济理论的基础上,深入研究新中国成立以来,特别是改革开放以来中国二元经济转型的发展实践;认真考察先行工业化国家、后起工业化国家早期发展阶段、二元经济转型的历史,以及具有发展中国家典型发展特征的拉美国家的二元经济转型进程,论证二元经济转型不同阶段供给侧结构性改革的演变规律及其特点。并在此基础上,运用从抽象到具体的叙述方法,以二元经济转型中供给侧结构性改革的路线选择为理论基础,作为本书研究的理论框架。

2. 矛盾分析法

根据马克思的生产力与生产关系的辩证关系理论,分析二元经济转型的过程,把二元经济转型视为生产技术与组织制度二元性双重转换的统一。而供给侧结构性改革体现的就是生产关系对生产力的反作用,二元经济转型视域下的供给侧结构性改革表现为变革生产关系和上层建筑以及采取适宜的制度供给以适应二元经济转型不同发展阶段的跨越、内部核心问题的解决以及转型外部性条件的变化,以促进生产力潜在水平的提高,实现城乡融合发展。

3. 逻辑与历史相统一的研究方法

对新中国成立以来,尤其是改革开放之后我国二元经济转型进程进行分阶段历史性考察,重点是分析刘易斯第一转折点以来面临的劳动力从无限供给转为有限供给,人口红利式微,经济增长的供给侧受阻,经济进入新常态,引出供给侧结构性改革的历史背景,力图实现对二元经济转型中供给侧结构性改革研究的逻辑与历史的统一。

(二) 辅助分析方法:逻辑演绎与经验实证相结合

本书对供给侧与需求侧在二元经济转型中的相互作用及其动态演进,中国二元经济转型在进行供给侧结构性改革中所面临的症结性问题进行概括,转型呈现出特殊性与滞后性双重特征的经济、社会效益以及转型面临的人口快速转变等条件进行了逻辑推理和经验判断,系统分析二元经济转型视域下供给侧结构性改革的迫切性。与此同时,本书也采取计量分析方法,通过直接判断标准和辅助判断标准,对我国二元经济转型阶段进行实证判断等,尽可能地使本书研究置于客观的定量分析基础上。

第一章　供给侧结构性改革
研究现状分析

供给侧结构性改革自 2015 年 11 月提出以来,在近七年的时间内,国内理论界做了大量研究。供给侧结构性改革是基于中国实践的理论综合性集成创新,是中国特色社会主义理论在新时期的创新发展(刘元春,2016)[1],彰显了我国制度优越性(林毅夫,2016)[2],属于典型的中国特色社会主义政治经济学问题。鉴于该书研究的时代性和国情特殊性,当前国外文献关于中国供给侧结构性改革的研究相对较少,且大多数是中国学者的研究(Yuan 等,2021[3];Tong 和 Wan,2016[4];Zhang 等,2018[5];Wang 等,2021[6])。国内学者对该问题的研究主要集中在四大方面:供给侧结构性改革的背景、内涵以及理论基础,

---

[1]　刘元春:《论供给侧结构性改革的理论基础》,《人民日报》2016 年 2 月 25 日

[2]　林毅夫:《供给侧改革彰显我国制度优越性》,《人民日报》2016 年 11 月 21 日。

[3]　Yuan J., Zhang W., Guo X., "Deepening Supply-side Structural Reforms in Coal Power with a Power Market", *Emerging Markets Finance and Trade*, Vol.57, No.3, 2021, pp.773–785.

[4]　Tong S. Y., Wan J., "China's Supply-Side Reform: The Rationale and Implications", *East Asian Policy*, Vol.8, No.4, 2016, pp.44–54.

[5]　Zhang W., Zhang L., Li Y., "Neglected Environmental Health Impacts of China's Supply-side Structural Reform", *Environment International*, Vol.115, 2018, pp.97–103.

[6]　Wang F., Wu J., Wu M., "Has the Economic Structure Optimization in China's Supply-side Structural Reform Improved the Inclusive Green Total Factor Productivity?", *Sustainability*, Vol.13, No.22, 2021, pp.1–25.

二元经济与供给侧结构性改革结合的研究。

第一节　供给侧结构性改革背景与
内涵的相关研究分析

一、供给侧结构性改革背景的相关分析

供给侧结构性改革的背景主要基于我国经济增长速度出现放缓,从高速增长转为中高速增长。大致有以下六种观点。

(一)供需结构出现扭曲

吴敬琏(2016)[①]认为,经济走入下行通道的根本性因素为供给效率和供给质量不高,经济结构出现恶化或者经济结构的扭曲。方福前(2016)[②]认为,产能过剩和超额库存持续,中国经济供求结构失衡;他(2021)[③]后来又强调自2010年起,我国经济出现了日益加重的结构性矛盾,突出表现为总供给和总需求在数量和结构上不匹配、不适应,社会再生产循环不顺畅,宏观经济运行梗阻较多,这是供给侧结构性改革的客观依据和必要性。黄群慧、陈创练(2021)[④]指出,我国进入经济新常态,主要矛盾是供给与需求不匹配、不协调和不平衡,矛盾主要方面在供给侧。刘世锦(2016)[⑤]认为,中国经济增速回落的背后是经济结构、增长动力与政策体系的系统转换。周密、刘秉镰(2017)[⑥]

---

① 吴敬琏:《什么是结构性改革? 它为何如此重要?》,《清华管理评论》2016年第11期。
② 方福前:《供给侧结构性改革需回答的两个问题》,《理论探索》2016年第3期。
③ 方福前:《正确认识和处理供给侧改革与需求侧管理的关系》,《经济理论与经济管理》2021年第4期。
④ 黄群慧、陈创练:《新发展格局下需求侧管理与供给侧结构性改革的动态协同》,《改革》2021年第3期。
⑤ 刘世锦:《中国经济转型再平衡取决于三个条件》,《环境经济》2016年第6期。
⑥ 周密、刘秉镰:《供给侧结构性改革为什么是必由之路?》,《经济研究》2017年第2期。

认为,我国供给侧结构性改革的重要诱因和实施条件分别是中国式产能过剩以及商品和住房市场的需求结构从超额需求转为饱和需求。谢富胜等(2019)①基于全球生产网络视角分析供给侧结构性改革这一问题,他认为,从2001年我国开启深度融入全球生产网络之门,2008年爆发的国际金融危机打破了依靠投资、出口的联动增长方式,而内需又从标准化向个性化、多样化和高级化转变,需要增强供给结构对需求结构的适应性。

(二) 人口红利衰减

蔡昉(2016)②通过我国人口结构转变的角度论证了2012年以来的增长减速的主要原因在于劳动力供给不足、人力资本改善速度放慢、投资回报率下降、资源重新配置空间缩小以至全要素生产率增长减速等供给侧原因。郑尚植、王怡颖(2017)③也赞同蔡昉教授的部分观点,认为我国"人口红利"进入拐点以及人口老龄化提前到来,导致经济增长开始放缓。

(三) 工业发展阶段转换

韦森(2014、2017)④根据我国各行业企业资本边际收益率普遍下降的现象判定中国经济潜在增长速度处于下行趋势,而根据国际发达经济体和东亚新兴经济体都遵循的发展经验表明,中国完成基本工业化后经济增速放缓是自然趋势。郑尚植、王怡颖(2017)认为,工业化和城镇化也进入新阶段,对经济拉动作用开始减缓,经济增长必须依靠提高全要素生产率来推动。

---

① 谢富胜、高岭、谢佩瑜:《全球生产网络视角的供给侧结构性改革——基于政治经济学的理论逻辑和经验证据》,《管理世界》2019年第11期。

② 蔡昉:《供给侧认识·新常态·结构性改革——对当前经济政策的辨析》,《探索与争鸣》2016年第5期;蔡昉:《认识中国经济减速的供给侧视角》,《经济学动态》2016年第4期。

③ 郑尚植、王怡颖:《供给侧结构性改革的政治经济学解读——生产关系重构的视角》,《财经问题研究》2017年第9期。

④ 韦森:《世界经济的新格局与中国经济的长期增长前景》,《南方经济》2014年第2期;韦森:《从宏观数据看中国经济的当下格局与长期增长前景》,《财经问题研究》2017年第4期。

（四）外部性与周期性影响

林毅夫（2016）①采用国际比较分析的方法，通过将中国与巴西、印度、韩国等国家比较分析，得出经济下滑的主因是外部性与周期性因素。冯俏彬、贾康（2017）②根据长时段经济周期理论考察，认为全球经济正处于工业革命以来第五波长周期的下行期，而这正是我国供给侧结构性改革所处世界政治、经济发展的背景。李扬、张晓晶（2015）③也认为如此，并从长周期角度判断全球经济正步入"长期停滞"新常态。

（五）体制机制等制度束缚

王一鸣等（2016）④认为，当前供给始终滞后于需求结构变化主要在于现有体制机制的束缚、生产要素缺乏流动性以及从制度安排的相关供给不足。

（六）技术创新不足

李扬、张晓晶（2015）从国际比较的视角分析我国与发达国家之间的技术差距，认为经济减速的主要原因之一是创新能力不足，从"长期赶超"到"自主创新"转变艰难。方福前、马学俊（2016）认为，我国全要素生产率下降的原因之一在于自主创新能力不足不强导致技术进步速度放慢；他与马学俊（2016）⑤在另一篇论文中更确切地将我国经济减速确定为主要是"技术性减速"，2008年以来，我国技术引进速度和自主创新速度开始在波动中下降，全要素生产率增长

① 林毅夫：《供给侧改革的短期冲击与问题研究》，《河南社会科学》2016年第1期。
② 冯俏彬、贾康：《我国供给侧改革的背景、理论模型与实施路径》，《经济学动态》2017年第7期。
③ 李扬、张晓晶：《"新常态"：经济发展的逻辑与前景》，《经济研究》2015年第5期。
④ 王一鸣、陈昌盛、李承健：《正确理解供给侧结构性改革》，《人民日报》2016年3月29日。
⑤ 方福前、马学俊：《中国经济减速的原因与出路》，《中国人民大学学报》2016年第6期。

减速是主因。

二、供给侧结构性改革内涵的相关阐释

习近平同志对供给侧结构性改革作出多次重要论述,学术界解读虽侧重点各有不同,大多数学者还是赞同基于供需结构性矛盾,从供给侧入手来理解供给侧结构性改革,重点是解放和发展生产力,用改革的办法推进结构调整,减少无效和低端供给,扩大有效和中高端供给,增强供给结构对需求变化的适应性和灵活性,提高供给的质量(人民日报社经济社会部,2016)①。研究的侧重点主要围绕着要素市场改革与有效供给(刘世锦,2016)②、制度的有效供给(黄群慧、陈创练,2021;冯俏彬,2016③;贾康,2016④;刘伟,2017⑤;李佐军,2016⑥)、生产方式变革(宋冬林,2016)⑦、解放生产力(贾康,2016)、深化体制改革(金碚,2016⑧;洪银兴,2016⑨;张志明、蔡之兵,2016⑩;吴敬琏,2017⑪)、生产结构与生产环节(李稻葵,2015⑫;魏旭,2018⑬;杨继国、朱东波,2018⑭;

①　人民日报社经济社会部:《七问供给侧结构性改革》,人民出版社 2016 年版,第 5—13 页。
②　刘世锦:《供给侧改革的主战场是要素市场改革》,《第一财经日报》2016 年 8 月 17 日。
③　冯俏彬:《供给侧改革:核心是制度创新与制度供给》,《中国经济时报》2016 年 3 月 18 日。
④　贾康:《供给侧改革十讲》,东方出版中心 2016 年版,第 236—242 页。
⑤　刘伟:《供给侧结构性改革:历史客观性、突出特点及制度创新要求》,《河北经贸大学学报》2017 年第 1 期。
⑥　李佐军:《供给侧改革:改什么、怎么改?》,机械工业出版社 2016 年版,第 18 页。
⑦　宋冬林:《从政治经济学角度考量供给侧结构性改革》,《中国社会科学报》2016 年 11 月 30 日。
⑧　金碚:《科学把握供给侧结构性改革的深刻内涵》,《人民日报》2016 年 3 月 7 日。
⑨　洪银兴:《供给侧结构性改革须完善体制机制》,《人民日报》2016 年 10 月 31 日。
⑩　张志明、蔡之兵:《供给侧结构性改革的理论逻辑及路径选择》,《经济问题探索》2016 年第 8 期。
⑪　吴敬琏:《把握结构性改革,先从六个方面突破》,《新华日报》2017 年 2 月 23 日。
⑫　李稻葵:《关于供给侧结构性改革》,《理论视野》2015 年第 12 期。
⑬　魏旭:《唯物史观视阈下"供给侧结构性改革"的理论逻辑》,《社会科学战线》2018 年第 4 期。
⑭　杨继国、朱东波:《马克思结构均衡理论与中国供给侧结构性改革》,《上海经济研究》2018 年第 1 期。

方敏，2018①）等方面进行研究。在结构性内涵方面，一些学者从经济结构（刘霞辉，2016)②、产业结构、区域结构和分配结构（黄群慧，2016③；刘伟、蔡志洲，2017④；刘伟，2016⑤），商品市场结构（周密、刘秉镰，2017）等方面展开了深入分析。

在内涵分析上，大多数学者注重在供给与需求相互依存、相互影响关系中把握供给侧结构性改革。洪银兴（2016)⑥认为，供给侧结构性改革和需求管理相互依存，并从总体思路上进行了高屋建瓴的概括与分析。方敏（2018）基于马克思主义政治经济学基本原理，包括供给与需求、总量与结构、实体经济与虚拟经济等内容来理解供给侧结构性改革的根本目的、性质和任务。罗来军（2016)⑦分析了供给侧结构性改革的边界问题，认为当前供给侧结构性改革并没有覆盖供给和结构的所有方面和问题，而是针对与需求错位的供给和结构落后的供给两大问题展开。刘凤义、曲佳宝（2019)⑧认识到供给侧要深入生产领域的生产端，不能忽视需求侧，要遵循"质量法则"。

此外，还有一些学者从政治经济学相关理论与实践中分析供给侧结构性改革的含义。韩保江（2018)⑨认为，经济新常态是供给侧结构性改革的逻辑前提，新发展理念是供给侧结构性改革的价值引领。张衔、杜波（2021)⑩提

---

① 方敏：《政治经济学视角下的供给侧结构性改革》，《北京大学学报（哲学社会科学版）》2018 年第 1 期。
② 刘霞辉：《供给侧结构性改革助推中国经济增长》，《学术月刊》2016 年第 4 期。
③ 黄群慧：《论中国工业的供给侧结构性改革》，《中国工业经济》2016 年第 9 期。
④ 刘伟、蔡志洲：《完善国民收入分配结构与深化供给侧结构性改革》，《经济研究》2017 年第 8 期。
⑤ 刘伟：《经济新常态与供给侧结构性改革》，《管理世界》2016 年第 7 期。
⑥ 洪银兴：《准确认识供给侧结构性改革的目标和任务》，《中国工业经济》2016 年第 6 期。
⑦ 罗来军：《供给侧结构性改革的边界与重心》，《光明日报》2016 年 3 月 30 日。
⑧ 刘凤义、曲佳宝：《马克思主义政治经济学与西方经济学关于供求关系分析的比较——兼谈我国供给侧结构性改革》，《经济纵横》2019 年第 3 期。
⑨ 韩保江：《"供给侧结构性改革"的政治经济学释义——习近平新时代中国特色社会主义经济思想研究》，《经济社会体制比较》2018 年第 1 期。
⑩ 张衔、杜波：《供给侧结构性改革的理论逻辑和本质属性》，《理论视野》2021 年第 5 期。

出,供给侧结构性改革在内容上是社会主义市场经济体制建设的崭新阶段,在功能上是社会主义市场经济体制优势的根本保障。张俊山(2019)[①]提出,供给侧结构性改革是要建立结构合理、循环通畅的现代化经济体系;供给侧结构性改革就是要按照社会体系中不同活动的性质进行安排,充分发挥它们在体系中的作用。鲁品越(2020)[②]从较高的理论与实践层面提出了供给侧结构性改革提出的意义,认为供给侧结构性改革在思想上的新贡献主要表现在确立以人民为中心的根本价值导向,以新发展理念为经济建设的遵循原则,以从速度型增长到高质量发展的转变为经济政策目标,以社会主义初级阶段基本经济制度为社会条件;其对具体政策的新贡献包括"三去一降一补"、脱贫攻坚、发展科学技术供给、提高劳动者素质等一系列具体政策内容与实施方式,并且随着实践的发展而不断发展。

三、结合具体领域的供给侧结构性改革相关分析

学术界还结合具体社会经济领域形成了供给侧结构性改革的相关研究。第一,金融供给侧结构性改革(陈长,2022[③];黄益平,2020[④];陶锋等,2017[⑤]);第二,农业供给侧结构性改革(王冬、柴国俊,2021[⑥];黄季焜,2018[⑦];农业部

---

① 张俊山:《深刻把握"供给侧结构性改革"的科学内涵——基于马克思主义政治经济学视角的解读》,《当代经济研究》2019 年第 6 期。

② 鲁品越:《"供给侧结构性改革"在思想和实践上的新贡献》,《马克思主义研究》2020 年第 2 期。

③ 陈长:《数字化赋能新时代金融供给侧结构性改革:逻辑、特征与路径》,《西安财经大学学报》2022 年第 2 期。

④ 黄益平:《理解金融供给侧结构性改革》,《政治经济学评论》2020 年第 1 期。

⑤ 陶锋、胡军、李诗田、韦锦祥:《金融地理结构如何影响企业生产率?——兼论金融供给侧结构性改革》,《经济研究》2017 年第 9 期。

⑥ 王冬、柴国俊:《农业供给侧结构性改革提振居民消费:影响效应和传导机制》,《西南民族大学学报(人文社会科学版)》2021 年第 12 期。

⑦ 黄季焜:《农业供给侧结构性改革的关键问题:政府职能和市场作用》,《中国农村经济》2018 年第 2 期。

农村经济研究中心课题组,2017①;孔祥智,2016②);第三,土地供给侧结构性改革(严金明等,2017③;胡银根等,2018④);第四,教育供给侧结构性改革(叶庆娜,2019⑤;何晓芳等,2018⑥);第五,工业供给侧结构性改革(黄群慧,2016⑦;周密、盛玉雪,2018⑧;朱方明、蔡彭真,2022⑨);第六,服务业供给侧结构性改革(张建华、程文,2019⑩;陈秀英等,2018⑪);第七,体育产业供给侧结构性改革(沈克印、吕万刚,2016⑫;李乐虎等,2019;付群等,2019⑬);第八,劳动力市场的供给侧结构性改革(蒋南平、邹宇,2018)⑭等。

① 农业部农村经济研究中心课题组:《农业供给侧结构性改革:难点与对策》,中国农业出版社 2017 年版。

② 孔祥智:《农业供给侧结构性改革的基本内涵与政策建议》,《改革》2016 年第 2 期。

③ 严金明、张雨榴、夏方舟:《土地利用规划管理的供给侧结构性改革》,《中国土地科学》2017 年第 7 期。

④ 胡银根、董文静、余依云、徐小峰、代兵:《土地整治供给侧结构性改革与乡村重构——潜江"华山模式"实证研究》,《地理科学进展》2018 年第 5 期。

⑤ 叶庆娜:《重视教育需求:供给侧结构性改革背景下教育供求矛盾的破解》,《教育发展研究》2019 年第 17 期。

⑥ 何晓芳、宁桂玲、孟长功:《高等教育供给侧结构性改革的现实矛盾——以工科教育为例》,《清华大学教育研究》2018 年第 6 期。

⑦ 黄群慧:《论中国工业的供给侧结构性改革》,《中国工业经济》2016 年第 9 期。

⑧ 周密、盛玉雪:《互联网时代供给侧结构性改革的主导性动力:工业化传统思路的局限》,《中国工业经济》2018 年第 4 期。

⑨ 朱方明、蔡彭真:《供给侧结构性改革如何提升制造业供给质量?》,《上海经济研究》2022 年第 3 期。

⑩ 张建华、程文:《服务业供给侧结构性改革与跨越中等收入陷阱》,《中国社会科学》2019 年第 3 期。

⑪ 陈秀英、刘胜、顾乃华:《区域服务效率、制度环境与利用外资转型升级——基于服务业供给侧结构性改革视角》,《财贸研究》2018 年第 8 期。

⑫ 沈克印、吕万刚:《体育产业供给侧结构性改革:学理逻辑、发展现实与推进思路》,《武汉体育学院学报》2016 年第 11 期。

⑬ 付群、王萍萍、陈文成:《挑战、机会、出路:我国体育产业供给侧结构性改革研究》,《天津体育学院学报》2019 年第 1 期。

⑭ 蒋南平、邹宇:《人工智能与中国劳动力供给侧结构性改革》,《四川大学学报(哲学社会科学版)》2018 年第 1 期。

第二节　供给侧结构性改革理论
基础的相关研究分析

习近平总书记指出："我们讲的供给侧结构性改革，同西方经济学的供给学派不是一回事，不能把供给侧结构性改革看成是西方供给学派的翻版。"[①]梳理相关文献，关于供给侧结构性改革理论基础的研究大致可分为以下三种观点。

一、以马克思主义政治经济学作为理论基础

学术界大多数学者认为，供给侧结构性改革的理论基础是马克思主义政治经济学理论。洪银兴（2016）认为，供给侧结构性改革的理论渊源应该追溯到马克思的理论，并需要以马克思主义经济学为指导。逢锦聚（2016）[②]强调，加强供给侧结构性改革必须坚持以马克思主义政治经济学基本原理为指导，不能照搬凯恩斯主义和里根经济学。丁任重、李标（2017）[③]认为，供给侧结构性改革超越并丰富了西方供给理论，二者在制度基础、政市关系与经济背景三个方面存在显著的不同。方敏、胡涛（2016）[④]则从供给侧结构性改革命题的理论基础蕴含在中国特色社会主义政治经济学的理论体系出发，提出生产（供给侧）是经济发展的决定性因素。张俊山（2017）[⑤]则从马克思再生产理

[①]　习近平：《在省部级主要领导干部学习贯彻党的十八届五中全会精神专题班上的讲话（2016年1月18日）》，《人民日报》2016年5月10日。

[②]　逢锦聚：《经济发展新常态中的主要矛盾和供给侧结构性改革》，《政治经济学评论》2016年第2期。

[③]　丁任重、李标：《供给侧结构性改革的马克思主义政治经济学分析》，《中国经济问题》2017年第1期。

[④]　方敏、胡涛：《供给侧结构性改革的政治经济学》，《山东社会科学》2016年第6期。

[⑤]　张俊山：《用马克思再生产理论指导我国的"供给侧结构性改革"》，《当代经济研究》2017年第7期。

论分析供给侧结构性改革,将"创新、协调、绿色、开放、共享"的新发展理念给予系统化、充实化。韩保江(2018)①揭示了供给侧结构性改革不同层面的内容分别体现了马克思主义政治经济学的核心要义、价值取向、实践内涵、方法论、开放包容特征。蔡万焕(2017)②强调应超越供给学派和凯恩斯主义之争,应从生产力和生产关系两个方面把握供给侧结构性改革的关键,不能简单套用西方经济学理论。贾微晓(2017)③以马克思生产力理论作为基础,认为生产力相关系数测度是我国供给侧结构性改革的依据标准。

二、以马克思主义政治经济学为指导对现有理论进行综合性创新为理论基础

刘元春(2016)强调,正确认识供给侧结构性改革需要跳出西方经济学的桎梏,超越左和右、市场与政府的简单分类,把本土视角与世界视角结合起来,认为,供给侧结构性改革是基于中国实践的理论综合性集成创新。方福前(2017)认为,供给侧结构性改革的理论源头可追溯至英法古典经济学,马克思的供给理论同样具有指导意义。肖林(2016)④认为,需要在重新梳理和反思经典经济学理论的基础上,反思供给侧结构性改革的相关研究,构建了中国新供给经济学的基本理论框架和逻辑分析方法。

三、其他经济学相关理论为理论基础

学术界仅有少数学者认为供给侧结构性改革源于"新供给经济学"理论,

---

① 韩保江:《"供给侧结构性改革"的政治经济学释义——习近平新时代中国特色社会主义经济思想研究》,《经济社会体制比较》2018年第1期。

② 蔡万焕:《超越供给学派与凯恩斯主义之争——供给侧结构性改革的政治经济学分析》,《思想理论教育导刊》2017年第3期。

③ 贾微晓:《以生产力为标准的我国供给侧结构性改革再思考》,《经济学家》2017年第2期。

④ 肖林:《新供给经济学:供给侧结构性改革经济学思想与理论创新》,《科学发展》2016年第5期。

主要代表性学者是贾康(2015、2016)①②、苏京春(2016)②,他们在其研究成果中这样分析道,根据中国经济发展实践,经济步入新常态之后,要转向供给管理代替以短中期调控的需求管理。与此同时,基于"新供给经济学"理论,提出供给侧结构性改革的关键在于提供"有效制度供给",提出加快税费改革、减少行政审批,解除金融抑制为企业松绑、减负等措施。滕泰(2015)③也根据新供给经济学理论,分析新供给不但能够自动创造需求,且所有产品销售收入最终都会变为要素报酬,形成新的需求。冯俏彬等(2017)④提出,经济增长的主要动力机制是因应需求的由资本、劳动力等生产要素形成的排列组合形式以及由此产生的综合效率。李佐军(2016)⑤也从供给学派的角度,概括其政策主张为"四减"和"四促"。

李佐军(2016)提出了发展经济学、新制度经济学以及人本发展理论等都可以研究供给侧结构性改革问题,例如,发展经济学研究的工业化、城市化、劳动力转移、资本积累、人力资本投资、技术创新与技术进步、人口转变等都是供给侧问题。徐林(2015)⑥认为,交易成本理论是供给侧结构性改革的理论依据之一。沈建光(2015)⑦认为,中国属于发展中经济体,供给侧结构性改革要以发展经济学理论为理论基础。滕泰(2015)⑧则从供给侧结构性改革的重要任务出发,合理安排制度与化解体制障碍激发市场活力,这一点可从制度经济学相关理论中找到依据。

---

① 贾康:《供给侧改革的核心内涵是解放生产力》,《中国经济周刊》2015 年第 49 期;贾康:《供给侧改革十讲》,东方出版中心 2016 年版。

② 贾康、苏京春:《"供给侧"学派溯源与规律初识》,《全球化》2016 年第 2 期;贾康、苏京春:《论供给侧改革》,《管理世界》2016 年第 3 期。

③ 滕泰:《从供给侧发力推动经济结构调整》,《经济参考报》2015 年 11 月 6 日。

④ 冯俏彬、贾康:《我国供给侧改革的背景、理论模型与实施路径》,《经济学动态》2017 年第 7 期。

⑤ 李佐军:《供给侧改革改什么、怎么改?》,机械工业出版社 2016 年版,第 46—48 页。

⑥ 徐林:《释放新需求,创造新供给——解读〈中共中央关于制定国民经济和社会发展第十三个五年规划〉》,《中国财经报》2015 年 12 月 1 日。

⑦ 沈建光:《供给侧改革与需求管理要协调推进》,《第一财经日报》2015 年 11 月 24 日。

⑧ 滕泰:《加强供给侧改革开启增长新周期》,《经济参考报》2015 年 11 月 18 日。

第三节　二元经济与供给侧结构性改革
相结合的相关研究分析

一、二元经济的相关研究

(一) 二元经济理论研究进展

1. 二元经济四大经典模型简要概述

自 20 世纪 50 年代刘易斯二元经济理论问世以来,二元经济结构问题吸引了许多国内外经济学者的关注。80 年代之前,以传统二元经济理论为主,主要代表是刘易斯模型、费景汉—拉尼斯模型、乔根森模型和托达罗模型。由于刘易斯模型(Lewis,1954、1972)[①]、费景汉—拉尼斯模型(Ranis 和 Fei,1961、1963)[②]是以农业剩余劳动力和不变制度工资为假设前提,构成了古典二元经济理论,通常这两大模型也被认为是古典二元经济模型。相比来看,费景汉—拉尼斯模型与刘易斯模型相比有了很大的发展,对剩余劳动力做了新的界定,并把二元经济转型划分为三个阶段;克服了刘易斯模型忽视农业发展的不足;把技术进步的因素引入分析。也正是由于费景汉—拉尼斯模型脱胎于刘易斯模型,并在刘易斯模型基础上进行扩展,人们常把这两个模型合称为刘易斯—费景汉—拉尼斯模型。而乔根森模型(Jorgenson,1966)[③]和托达罗

---

① Lewis A., "Economic Development with Unlimited Supply of Labor", *The Manchester School*, Vol.22, No.2, 1954, pp.139-191; Lewis A., "Reflections on Unlimited Labor" In Luis Eugenio Di Marco (ed.), *International Economics and Development*, New York: Academic Press, 1972, pp.75-96.

② Ranis G. and Fei J. C., "A Theory of Economic Development", *American Economic Review*, Vol.51, No.4, 1961, pp.533-565. Fei J. C. and Ranis G., "Innovation, Capital Accumulation, and Economic Development", *The American Economic Review*, Vol.53, No.3, 1963, pp.283-313.

③ Jorgenson D., Adelman I., Thorbecke E., "Testing Alternative Theories of the Development of a Dual Economy", In Irma Adelman, Erik Thorbecke, *The Theory and Design of Economic Development*, Baltimore: Johns Hopkins Press, 1966.

模型(Todaro,1969)①这两大模型认为工农两部门的工资水平都由劳动边际生产率决定,这两大模型带有新古典的理论色彩,构成了新古典二元经济理论,一般被认为是新古典二元经济模型。

2. 20 世纪 80 年代以来二元经济理论的相关研究

(1)国外二元经济理论的研究概述

20 世纪 80 年代以后,在传统二元经济理论的基础上,国外学者进行了深入探索与研究,可概括为以下四大方面。第一,凯恩斯主义二元经济理论。区别于传统二元经济理论沿着供给主导思路进行分析,将有效需求思想引入二元经济理论,形成了重视需求约束的二元经济理论,突出代表是拉克西特的二元经济理论(Rakshit,1982)②。第二,对二元制度结构的分析。1985 年,海拉·明特(Hyla Myint,1985)③第一次使用"组织二元结构"的概念,巴苏(Basu,2004)④研究发展中国家工业部门效率工资导致的内生工资扭曲,还对效率工资、聚集效应与二元经济进行了研究。第三,新兴古典二元经济模型。1994 年杨小凯和赖斯建立了第一个新兴古典二元经济模型⑤,强调转型是分工演进和专业化水平提高的结果。第四,二元经济结构与收入分配关系的研究。主要沿着解释和检验库兹涅茨倒"U"形收入分配曲线(Kuznets,1955)⑥假设展开的,引发了许多争论,经济学者们运用不同的数据集对这一问题进行了

---

① Todaro M. P., "A Model of Labor Migration and Urban Unemployment in Less Developed Countries", *American Economic Review*, Vol.59, No.1, 1969. pp.138-148.

② Rakshit M., *The Labor Surplus Economy: A Neo-Keynesian Approach*, New Delhi: Macmillan, 1982.

③ Hyla Myint, "Organizational Dualism and Economic Development", *Asian Development Review*, Vol.3, No.1, 1985, pp.24-42.

④ Basu B., "Another Look at Wage Distortion in a Developing Dual Economy", *Australian Economic Papers*, Vol.43, No.2, 2004, pp.208-227; Basu B., "Efficiency Wages, Agglomeration, and a Developing Dual Economy", *Annals of Regional Science*, Vol.38, No.4, 2004, pp.607-625.

⑤ 杨小凯和张永生称之为"新兴古典城市化一般均衡"模型。具体内容参见:杨小凯、张永生:《新兴古典经济学与超边际分析》,社会科学文献出版社 2003 年版,第 111—125 页。

⑥ Kuznets S., "Economic Growth and Income Inequality", *The American Economic Review*, Vol.45, No.1, 1955, pp.1-45.

讨论和分析。迪宁格和斯夸尔(Deininger 和 Squire,1998)①认为,历史数据仅能为库兹涅茨倒"U"形假设提供微弱的支持;戴维斯(Davis,2007)②通过包含正式部门和非正式部门的二元经济结构框架解释增长和收入不平等二者在跨国横向数据呈现的负相关性,以及纵向时间数据中所呈现的正相关性;乔杜里(Chaudhuri,2008)③通过构建哈里斯—托达罗失业的三部门模型以分析跨国要素流动对小型开放二元经济体中熟练工人与非熟练工人工资差距以及城市非熟练工失业问题的影响;加莫塔(Gamaut,2010)④指出高速的经济增长有利于吸收农村剩余劳动力,收入分配逐渐趋向公平;尤琪(Yuki,2016)⑤通过一个动态的二元经济模型对长期经济产出如何依赖初始财富分配和部门生产率进行检验。

(2)国内二元经济理论的研究概述

我国学者对二元经济理论的研究较晚,大约是从 20 世纪 80 年代以后开始的,研究的主要内容可概括为以下三大方面。第一,关于经济结构形态的研究。大多数学者支持二元结构论,并以刘易斯—费景汉—拉尼斯模型为基础,分析我国的二元经济结构的表现及影响。李克强(1998)⑥、吴伟东等(1988)⑦、陈吉元和胡必亮(1994)⑧认为存在三元经济结构论。第二,以农业

① Deininger K., Squire L., "New Ways of Looking at Old Issues: Inequality and Growth", *Journal of Development Economics*, Vol.57, No.2, 1998, pp. 259-287.

② Davis L. S., "Explaining the Evidence on Inequality and Growth: Informality and Redistribution", *The BE Journal of Macroeconomics*, Vol.7, No.1, 2007, pp.1-33.

③ Chaudhuri S., "Wage Inequality in a Dual Economy and International Mobility of Factors: Do Factor Intensities Always Matter", *Economic Modelling*, Vol.25, No.25, 2008, pp.1155-1164.

④ Gamaut R., "Macro-Economic Implications of the Turning Point", *China Economic Journal*, Vol.3, No.2, 2010, pp. 81-190.

⑤ Yuki K., Education, Inequality, and Development in a Dual Economy, *Macroeconomic Dynamics*, Vol.20, No.1, 2016, pp.27-69.

⑥ 李克强:《论我国经济的三元结构》,见《中国人文社会科学博士硕士论文库——经济学卷》,浙江教育出版社 1998 年版。

⑦ 吴伟东、冯玉华、贾生华:《我国三元经济结构问题初探》,《农业经济问题》1988 年第 5 期。

⑧ 陈吉元、胡必亮:《中国的三元经济结构与农业剩余劳动力转移》,《经济研究》1994 年第 4 期。

剩余劳动力转移为主线的研究。具有代表性的作者是陈吉元（1991）①、蔡昉（1990）②。还有学者从农业发展、区域经济等方面研究了中国的二元经济结构转型（钞小静、沈坤荣，2014③；温涛等，2005④；吴敬琏，2002⑤）。第三，以制度分析为重点的多维度探讨。将二元经济结构与我国的体制转轨相结合（张桂文、周健，2021⑥；夏耕，2005⑦；郭少新，2006⑧；高帆，2007⑨）。

（二）刘易斯转折点的判断及其对经济发展的影响

1. 刘易斯转折点是否到来的争论

梳理既有国内外相关文献，关于刘易斯转折点（刘易斯第一转折点和刘易斯第二转折点）的判断标准基本包括刘易斯—费景汉—拉尼斯模型的判断标准（刘易斯，1954；拉尼斯和费景汉，1961、1963、2004）⑩和南亮进的判断标

---

① 陈吉元：《论中国农业剩余劳动力转移——农业现代化的必由之路》，经济管理出版社1991年版。

② 蔡昉：《中国的二元经济与劳动力转移：理论分析与政策建议》，中国人民大学出版社1990年版。

③ 钞小静、沈坤荣：《城乡收入差距、劳动力质量与中国经济增长》，《经济研究》2014年第6期。

④ 温涛、冉光和、熊德平：《中国金融发展与农民收入增长》，《经济研究》2005年第9期。

⑤ 吴敬琏：《农村剩余劳动力转移与"三农"问题》，《宏观经济研究》2002年第6期。

⑥ 张桂文、周健：《制度变迁视角下的中国二元经济转型》，社会科学文献出版社2021年版。

⑦ 夏耕：《中国城乡二元经济结构转换研究——要素流动、制度变迁、市场机制与政府作用》，北京大学出版社2005年版，第181—201页。

⑧ 郭少新：《中国二元经济结构转换的制度分析》，中国农业出版社2006年版，第113—146页。

⑨ 高帆：《交易效率、分工演进与二元经济结构转化》，上海三联书店2007年版。

⑩ Lewis A., "Economic Development with Unlimited Supply of Labor", *The Manchester School*, Vol.22, No.2, 1954, pp.139–191; Ranis G. and Fei J. C., "A Theory of Economic Development", *American Economic Review*, Vol.51, No.4, 1961, pp.533–565; Fei J. C. and Ranis G., "Innovation, Capital Accumulation, and Economic Development", *The American Economic Review*, Vol.53, No.3, 1963, pp.283–313; [美]费景汉，拉尼斯：《增长和发展：演进观点》，洪银兴译，商务印书馆2004年版，第127—153页。

准(Minami,1973、2008)①。近年来,国内部分学者也提出一些判断标准,并结合我国现实经济发展状况,对刘易斯转折点的出现时段进行判断、预测和分析。

2004年我国东南沿海地区出现"民工荒"和农民工②工资的快速上涨,引发了社会各界对"我国刘易斯转折点是否已经到来"的广泛关注和热议。但对刘易斯转折点的标准,学术界并未统一,主要分为以下四种:一是农业剩余劳动力数量标准,即农业剩余劳动力数量的测算,主要代表性学者:蔡昉(2007)③、樊纲(2007)④。二是劳动边际生产率标准,主要代表性学者:高铁梅、范晓非(2011)⑤,吴海民(2012)⑥。三是工资标准,主要代表性学者:吴要武(2007)⑦、袁志刚(2010)⑧。四是结构标准,如人均GDP、就业结构和产值结构、城市化率、工业化水平等,主要代表性学者:黎煦(2007)⑨、李德伟(2008)⑩、金三林(2012)⑪。当然大多数学者不是只使用一个指标,而是多个指标综合运用。表1-1总结了国内学者关于我国刘易斯转折点的具体判断

---

① Minami R., *The Turning Pointin Economic Development*:*Japan's Experience*, Tokyo: Kinokuniya, 1973;[日]南亮进:《经济发展的转折点:日本经验》,关权译,社会科学文献出版社2008年版。

② 所谓农民工,是指户籍仍在农村,在本地从事非农产业或外出从业6个月及以上的劳动者。

③ 蔡昉:《中国经济面临的转折及其对发展和改革的挑战》,《中国社会科学》2007年第3期。

④ 樊纲:《企业家最重要的社会责任就是创造就业》,新华网重庆频道,2007年11月5日。

⑤ 高铁梅、范晓非:《中国劳动力市场的结构转型与供求拐点》,《财经问题研究》2011年第1期。

⑥ 吴海民:《我国刘易斯拐点的新检验——基于1990—2010年农业和工业部门劳动边际生产率的考察》,《贵州财经学院学报》2012年第3期。

⑦ 吴要武:《"刘易斯转折点"来临:我国劳动力市场调整的机遇》,《开放导报》2007年第3期。

⑧ 袁志刚:《三问"刘易斯拐点"》,《解放日报》2010年9月12日。

⑨ 黎煦:《刘易斯转折点与劳动力保护》,《首都经济贸易大学学报》2007年第4期。

⑩ 李德伟:《中国将迎来劳动力供给的"刘易斯转折点"吗?》,《理论前沿》2008年第12期。

⑪ 金三林:《对我国"刘易斯转折"阶段进程的判断》,《中国经济时报》2012年3月27日。

标准与是否到来的相关文献研究。

表 1-1　关于中国是否进入刘易斯转折点的相关研究

作者及相关文献发表时间	指标	是否到达刘易斯转折点	备注
蔡昉(2007、2008、2010、2016、2017、2022)	人口转变、工资率、剩余劳动力、收入差距、普通劳动者供给	是	第一转折点(2004年)
包小忠(2005)	工资率	否	第一转折点
王诚(2005)	工资率	不确定	第一转折点
刘伟(2005)	劳动年龄人口占比、劳动者工资占GDP比重	否	第二转折点
大塚启二郎(2006)	工资率	是	第二转折点
樊纲(2007)	剩余劳动力	否	第一转折点
吴要武(2007)	非技术劳动者的工资变化、非正规就业规模变化、厂商开始用资本要素替代劳动力投入等	是	第二转折点(2002—2004年)
周祝平(2007)	城市化等	否	第二转折点
黎煦(2007)	三大产业就业比重、人均GDP、工资率、劳动力供给(民工荒)	是	第一转折点
孙自铎(2008)	剩余劳动力	否	第一转折点
田岛俊雄(2008)	农业劳动生产力	否	第二转折点(2013年)
李德伟(2008)	劳动力供给、城市化、工业化、城乡劳动力市场	否	第一转折点
耿元、林玳玳(2008)	劳动力的供给弹性、城市化率	否	第一转折点
刘洪银(2009)	农业产出水平、工资率、农业劳动边际生产率	否	第一转折点
侯东民等(2009)	工资率、劳动力供给(民工荒)	是	第一转折点
钟钰、蓝海涛(2009)	剩余劳动力	否	第一转折点
宋世方(2009)	工资率	是	第一转折点(1997年)

续表

作者及相关文献发表时间	指标	是否到达刘易斯转折点	备注
南亮进、马欣欣(2009)	失业率、劳动边际生产率、剩余劳动力	否	第二转折点
袁志刚(2010)	工资率	不确定	第一转折点
周天勇(2010)	城市化、剩余劳动力	否	第二转折点（2020年之后）
张晓波等(2010)	工资率	是	第一转折点
贾先文、黄正泉(2010)	剩余劳动力	否	第二转折点
赵显洲(2010)	剩余劳动力	否	第二转折点
夏怡然(2010)	工资率	否	第一转折点
钟笑寒、汪进(2011)	人均GDP、农业劳动力比例	否	第一转折点
卿涛等(2011)	农业部门劳动边际生产率、工资率、工资差别的变化、劳动力的供给弹性等	是	第一转折点
王金营、顾瑶(2011)	劳动力供求	否	第一转折点
叶兴庆(2011)	农民工工资、劳动力供求	是	第一转折点（2004年）
中国人民银行上海总部统计部课题组(2011)	剩余劳动力、工资率、消费支出结构、福利、劳动力供求	否	第一转折点（2015年）第二转折点（2020年）
高铁梅、范晓非(2011)	劳动边际生产率、劳动力供给弹性、收入分配、工资率	是	第一转折点（2005年）
周燕、佟家栋(2012)	剩余劳动力、行业间工资差异、三大产业就业比重	否	第一转折点
吴海民(2012)	劳动边际生产率	是	第一转折点（2005年）第二转折点（2043年）
金三林(2012)	农业就业比重、城镇化、工资率、劳动力供给（民工荒）、剩余劳动力	是	第一转折点 第二转折点（2025—2030年）
刘守英、章元(2014)	边际劳动生产率为主要判断标准	是	第一转折点（2010年左右）
刘成伟(2014)	劳动产出弹性、农业部门的劳动边际生产率	是	第一转折点

续表

作者及相关 文献发表时间	指标	是否到达 刘易斯 转折点	备注
相伟(2014)	劳动力数量标准、劳动资本关系标准	是	第一转折点
吴垠(2015)	用工荒现象、农民工人口规模	是	第一转折点(2004年左右)
江三良、李攀(2016)	城镇化发展、就业结构转换与产业结构转换,并与日本比较分析	是	第二转折点(2028年)
岳龙华、杨仕元(2016)	劳动力供需情况、劳动力市场一体化程度、Minami准则	是	第一转折点(发达地区已达到第二转折点,中西部地区已经到达第一转折点,西部欠发达地区未达到第一转折点)
戚成蹊(2017)	农业部门实际人均收入与生存成本差额的增长率、农业部门的边际劳动生产率、农民工供给无弹性	是	第一转折点(东部于1999—2003年、中部于2001—2005年跨越第一转折点,而西部地区还没有到来)
易定红(2020)	农业部门边际劳动生产率	是	第一转折点(2005年)、第二转折点(2035年)
王庆芳、郭金兴(2021)	农村剩余劳动力绝对数量、相对数量与比重	是	总体上已跨越第一转折点,正在跨进第二转折点
杨俊青、王玉博等(2022)	农业劳动力占比、非农产业比较劳动生产率	是	第一转折点(2004年)、第二转折点(2035年左右)

资料来源:笔者根据国内外文献整理得出。

2. 刘易斯转折点对中国经济发展的影响

在对刘易斯转折点的讨论中,一些学者在认同刘易斯转折点已经到来的基础上,还研究了刘易斯转折点对中国经济发展的影响。主要学术观点如下:

第一,刘易斯转折点来临会引致厂商用资本替代劳动,促进产业结构升级。吴要武(2007)[1]分析了刘易斯转折点的来临对我国劳动力市场的影响,

---

① 吴要武:《"刘易斯转折点"来临:我国劳动力市场调整的机遇》,《开放导报》2007年第3期。

认为"刘易斯转折点"到来,工资水平持续提高,厂商按照最大化利润原则,调整资本和劳动投入结构,提高资本密集度成为更合理的选择。许经勇(2012)[①]指出,刘易斯转折点的到来迫使我国产业结构向资本密集和技术密集型产业升级成为不可逆转的趋势。

第二,刘易斯转折点的到来可能会影响中国的粮食安全。蔡昉(2008)[②]根据费景汉和拉尼斯二元经济模型,分析刘易斯转折点的到来对中国农业发展的影响。他认为进入刘易斯第一转折点后,农业产出可能减少,导致粮食供求缺口逐渐增大,影响我国粮食安全,而解决这一阶段的农业问题,出路是提高其生产效率。刘守英、章元(2014)[③]分析了刘易斯转折点到来对我国经济的挑战,也把粮食安全问题作为一项重要内容,预计我国粮食进口还会增加。

第三,刘易斯转折点的到来会提高城乡居民对更充分、均等社会保障制度的需求。蔡昉(2010)[④]分析了刘易斯转折点给中国劳动力市场格局带来的新变化,以及刘易斯转折点后公共政策的调整和转变。根据蒂布特模型说明政府职能转变的原理,认为进入刘易斯转折点后,社会保护的制度需求大大提升。

第四,刘易斯转折点的到来可能会引发通货膨胀。巴曙松(2011)[⑤]认为,刘易斯转折点之后,劳动力工资上涨将推动价格上升,可能面临高通胀、低增长。尤宏业等(2010)[⑥]也持此观点,CPI 持续高于 PPI 形成通货膨胀裂口。

---

① 许经勇:《刘易斯二元结构理论与我国现实》,《吉首大学学报(社会科学版)》2012 年第 1 期。

② 蔡昉:《刘易斯转折点后的农业发展政策选择》,《中国农村经济》2008 年第 8 期。

③ 刘守英、章元:《"刘易斯转折点"的区域测度与战略选择:国家统计局 7 万户抽样农户证据》,《改革》2014 年第 5 期。

④ 蔡昉:《刘易斯转折点与公共政策方向的转变——关于中国社会保护的若干特征性事实》,《中国社会科学》2010 年第 6 期。

⑤ 巴曙松:《中国经济已悄然越过刘易斯拐点》,《经济参考报》2011 年 5 月 5 日。

⑥ 尤宏业、莫倩、高善文:《上升的地平线——刘易斯拐点与通货膨胀裂口》,《金融发展评论》2010 年第 12 期。

孙国峰(2011)①从国际贸易的角度指出巴拉萨—萨缪尔森效应将发挥作用，刘易斯转折点后将面临结构性通胀压力。但是，也有学者坚持认为刘易斯转折点并不必然导致通胀。余斌(2011)②指出，近年来农民工工资的上涨是长期的、"温和"的通货膨胀累积的一个必然结果，与国际上外部影响密切相关。周健(2012)③指出，我国"刘易斯转折点"与通货膨胀在理论上具有一定的联系，而在实际经济中没有必然的因果关系。罗玉冰(2012)④通过对日本、韩国、新加坡三个完成工业化国家刘易斯转折点时物价走势的实证检验，发现实际工资水平提高并未推动通货膨胀。

第五，刘易斯转折点的到来会引起劳动力与资本的流动发生新的变化。张黎娜、夏海勇(2013)⑤分析了"刘易斯转折点"的到来对城市集聚力的影响，指出我国中西部地区农业剩余劳动较充裕，城市集聚力逐渐凸显。李勇(2016)⑥通过实证分析，得出进入刘易斯转折点后，资本非农化的作用将会降低。许召元(2014)⑦指出，转折点到来之后，劳动力转移数量不再主要由工资差距决定是转移新模式的最主要特征。

3. 刘易斯转折点到来后的应对措施

根据刘易斯转折点到来对中国经济发展的影响分析，学者们还探讨了相应的对策措施，主要有以下内容：

第一，提升人力资本，为产业结构升级提供支持。"刘易斯转折点"到来

---

① 孙国峰：《巴拉萨—萨缪尔森效应、刘易斯拐点和结构性通货膨胀》，《金融发展评论》2011年第4期。

② 余斌：《工资上涨与通货膨胀之间没有必然的联系——从中国的"刘易斯拐点"说起》，《经济纵横》2011年第11期。

③ 周健：《通货膨胀与"刘易斯转折点"的关系及其治理》，《财经科学》2009年第9期。

④ 罗玉冰：《刘易斯拐点到来会抬高通货膨胀水平吗》，《金融研究》2012年第4期。

⑤ 张黎娜、夏海勇：《"刘易斯拐点"对城市经济集聚的影响机制研究》，《经济学家》2013年第7期。

⑥ 李勇：《刘易斯拐点、资本非农化倾向和二元经济结构转化》，《当代经济科学》2016年第4期。

⑦ 许召元：《"刘易斯转折点"的学术论争及劳动力转移新特征》，《改革》2014年第12期。

之后,加大人力资本投资力度,为产业结构升级提供支持就成为学术界的基本共识。刘守英、章元(2014)提出了加大农村地区教育质量、制订在职劳动者培训计划、改革高等教育培养结构、建立技术立国的政策和制度保障、建立以企业为主的职业培养体系等举措。

第二,调整农业政策,加强粮食安全保障。蔡昉(2008)认为,经济发展进入刘易斯转折点后,应提高农业生产效率,在开放经济条件下保障中国粮食安全,实施主动的粮食安全战略。王裕雄、张正河(2012)[1]借鉴日本、韩国和中国台湾地区的经验,提出中国刘易斯转折点时期要将粮食安全放在首位,施以偏向劳动节约的农业政策,发展农村工业化。刘守英、章元(2014)提出国家支农惠农政策应当向粮食主产区聚焦,加大粮食主产区农田水利建设和基础设施条件改善,提高纯农户经营规模,增加纯农户从事粮食生产的补贴,强化农业机械和社会化服务在内的惠农政策。

第三,完善社会保障,加强社会保护。王安岭(2013)[2]认为,刘易斯转折点到来之后,应更大程度地完善劳动者就业体制环境,加快健全社会保障体系。王裕雄(2013)[3]进一步作出补充,通过财税制度改革,使地方政府回归到提供公共服务的政府基本职能本质上来。加快户籍制度改革,应积极推进基本公共服务对城镇常住人口的全覆盖。

第四,推进以人为核心的城镇化,统筹城乡和区域协调发展。梳理既有文献,学者们普遍认为应对刘易斯转折点到来,应推进以人为核心的城镇化,统筹城乡和区域协调发展。刘洪银(2012)[4]在分析刘易斯转折点延展性与农民

---

① 王裕雄、张正河:《刘易斯转折点与中国农业政策调整——基于东亚国家和地区的经验借鉴》,《经济问题探索》2012年第5期。

② 王安岭:《加快发展转型,充分发挥我国劳动力资源优势——兼论"刘易斯拐点"伪证性》,《现代经济探讨》2013年第12期。

③ 王裕雄:《中国刘易斯转折点是否到来——来自农业生产部门的证据》,《经济问题探索》2013年第6期。

④ 刘洪银:《从"民工荒"看我国"刘易斯转折点"与农民就业转型》,《人口与经济》2012年第1期。

工就业转型的关联性的基础上,提出应在农民工自愿的前提下,采取市场手段与政策激励相结合的办法,引导农民工在城镇定居生活。刘应杰(2011)[1]认为,要改革城乡二元经济体制,才能实现"农民工"向"市民"和"工人"的转化,也要根据中国区域总体发展战略合理作出统筹。

第五,积极应对可能发生的通货膨胀。周健(2009)虽然认为我国"刘易斯转折点"与通货膨胀在实际经济中没有必然的因果关系,但仍然强调对刘易斯转折点期间的通货膨胀现象必须引起重视,要通过提高劳动生产率、保障农业生产的稳定发展以及适时调整货币政策等方式稳定通胀预期。刘志成(2014)[2]借鉴日本、韩国刘易斯转折点之后治理通货膨胀的经验,根据我国要素成本上升和通货膨胀新特点,提出要通过完善价格调控的法律法规和行政体系。

二、关于二元经济与供给侧结构性改革结合的相关研究

我国作为世界上最大的发展中国家,城乡二元结构仍是我国需要直面和着力化解的一个主要结构问题。学者们却极少将供给侧结构性改革与二元经济结构问题联系起来,梳理文献方面仅有少数学者关注了这一问题。

将二元经济与供给侧结构性改革相结合进行研究,最具有代表性的学者是蔡昉(2016、2017、2018、2022)[3]。他不仅对新常态、供给侧结构性改革、结构性改革等概念的不同理解甚至误读进行了明确辨析,而且提出供给侧结构性改革的性质,可以从其目标,即提高潜在增长率来理解,也就是有利于提高

---

[1]　刘应杰:《"刘易斯拐点"之后的中国战略》,《人民论坛》2011年第12期。

[2]　刘志成:《刘易斯转折期的通胀及其治理——日本、韩国和中国台湾的经验及启示》,《经济学家》2014年第5期。

[3]　蔡昉:《认识中国经济减速的供给侧视角》,《经济学动态》2016年第4期;蔡昉:《读懂中国经济:大国拐点与转型路径》,中信出版集团2017年版;蔡昉:《四十不惑:中国改革开放发展经验分享》,中国社会科学出版社2018年版;蔡昉:《刘易斯转折点——中国经济发展阶段的标识性变化》,《经济研究》2022年第1期。

生产要素供给和全要素生产率增长的改革。蔡昉从我国经济社会发展实践出发,基于人口结构转变的角度论证了 2012 年以来的增长减速的主要原因在于劳动力供给不足、人力资本改善速度放慢、投资回报率下降、资源重新配置空间缩小以至全要素生产率增长率减速等,这些都是供给侧的原因,尤其是我国发展阶段出现的两个标志性的转折点,2004 年出现刘易斯转折点,2011 年劳动年龄人口开始出现负增长,导致经济发展放缓。据此,蔡昉提出我国供给侧结构性改革的主要着眼点在于提高全要素生产率,并从日本、新加坡等国的国际比较中再次论证我国提高全要素生产率的重要性。更为重要的是,他认为刘易斯转折点,作为中国经济发展的标识性变化,对供给侧结构性改革的部署,具有直接或间接的影响。并且从劳动力转移和人力资本的视角,分析了我国供给侧结构性改革的迫切性,提出应从二元经济转型的核心问题劳动力转移强调供给侧结构性改革的主要领域,包括通过户籍制度改革提高劳动参与率和全要素生产率,通过教育与培训提高人力资本,通过调整生育政策提高总和生育率及未来的劳动力供给,也从妨碍生产要素供给和全要素生产率提高的体制性障碍入手提出措施,进而挖掘新的增长动能。

青年学者薛继亮(2016)[①]也注意到供给侧结构性改革对二元经济的影响,基于资本劳动匹配的视角计算产业转移与劳动力之间的协调性,进而对我国东部、中部、西部和东北四大地区"刘易斯转折点"作出判断:认为东部地区、中西部地区"刘易斯转折点"均已出现;而东北地区由于劳动力净流出,"刘易斯转折点"尚未出现。最后提出"刘易斯转折点"到来的供给侧结构性改革建议:提升人力资本,挖掘第二次人口红利;加快产业转型升级,促进产业转移;提高劳动收入份额,提升资本劳动配置效率。蒋正云、胡艳(2021)[②]认

① 薛继亮:《从供给侧判断"刘易斯拐点":到来还是延迟》,《中央财经大学学报》2016 年第 9 期。

② 蒋正云、胡艳:《中部地区新型城镇化与农业现代化耦合协调机制及优化路径》,《自然资源学报》2021 年第 3 期。

为,农业供给侧结构性改革的优化能够促进城乡二元结构的改善。张国防、姚星星(2018)①提出我国破解城乡二元结构的路径之一是推进农业供给侧结构性改革。周健、张桂文(2020)②根据日本、韩国、中国台湾和巴西的经验与中国的现实考察,发现刘易斯—拉尼斯—费景汉模型过于简化,对现实考察不够充分,得出刘易斯第一转折点不是农产品绝对短缺点,也不是农业剩余劳动力数量的绝对短缺点,提高农业劳动生产率应该在刘易斯第一转折点之前就开始进行等重要结论。据此提出中国应积极加快推进供给侧结构性改革,以更好地推进二元经济结构转型的具体举措:推进农业供给侧结构性改革,保障粮食安全;全面深化以户籍制度为核心的二元制度改革,切实有序地推进农民工市民化进程;合理调节劳动者工资水平,维护劳动者合法的权益;大力发展农村教育与培训事业。

第四节 现有研究总结与未来拓展

一、供给侧结构性改革理论的发展缘于新时代现实经济发展的需要

虽然供给侧结构性改革提出时间较短,仅有七年的时间,但供给侧结构性改革的理论是在不断发展,也是在逐步完善的,主要缘于我国新时代现实经济社会发展的需要。

2008年国际金融危机以来,我国经济增速明显下滑,结构性矛盾日益加重,突出表现为总供给和总需求在数量和结构上不匹配、不适应,社会再生产循环不顺畅,宏观经济运行梗阻较多。究其原因,供需错配是主要方面,从供

---

① 张国防、姚星星:《我国破解城乡二元结构路径研究——基于农业供给侧结构性改革的视角》,《济宁学院学报》2018年第3期。

② 周健、张桂文:《刘易斯第一转折点是"短缺点"吗?——基于国际经验和中国的现实考察》,《当代经济研究》2020年第3期。

给端着手经济结构的优化,能够避免潜在增速的大幅下滑。习近平总书记在2015年11月10日首次提出供给侧结构性改革,从现实经济发展需求看,这既是应对我国经济增长出现放缓的有效途径,也是缓解日益加重的结构性矛盾的关键举措。2016年1月供给侧结构性改革的重点任务进一步得到明确。供给侧结构性改革一方面要解决供需问题,中国产能过剩严重,供需关系结构性失衡;供给侧与需求侧严重不配套,标准化生产难以满足一些个性化需求。另一方面要解决结构性问题,主要表现在城乡、产业、区域、要素投入、经济增长动力等结构性突出问题。

供给侧结构性改革作为我国经济工作的主线,随着经济社会的不断发展,其政策内涵在不断深化。2017年中央经济工作会议进一步将供给侧结构性改革的重点从"三去一降一补"延伸为"破""降""立"——大力破除无效供给、大力降低实体经济成本、大力培育新动能。2017年党的十九大之后,提出以供给侧结构性改革为主线建立现代经济体系,据此形成了供给侧结构性改革的升级版,从1.0版本向2.0版本升级,从以"减法"为主到以"加法"为主。2018年12月中央经济工作会议召开,供给侧结构性改革的政策重点是"巩固、增强、提升、畅通"八字方针,即巩固"三去一降一补"成果、增强微观主体活力、提升产业链水平、畅通经济循环。

这期间国际环境发生了悄然变化,世界进入了"百年未有之大变局",我国不断从经济大国走向经济强国,面临的外部条件也随之发生变化,再加上新冠疫情冲击和影响,国内市场需求被压抑,解决对策是在新发展格局中将供给侧结构性改革与需求侧管理有机结合。2020年党的十九届五中全会指出"十四五"时期要以深化供给侧结构性改革为主线,把实施扩大内需战略同深化供给侧结构性改革有机结合起来。而加快构建新发展格局的政策内涵就是供给侧结构性改革的深化。2021年3月,《中华人民共和国国民经济和社会发展第十四个五年规划和2035年远景目标纲要》进一步提出,进入新发展阶段,为实现高质量发展,要把"需求侧管理"和供给侧结构性改革结合起来是大势所趋。2021 年党的十九届六中全会这样总结,党的十八大以来,全面实施供给侧结构性改革,推进去产能、去库存、去杠杆、降成本、补短板,落实巩固、增强、提升、畅通要求,推进制造强国建设,加快发展现代产业体系,壮大实体经济,发展数字经济。2022 年 3 月,《政府工作报告》强调要继续坚持以供给侧结构性改革为主线,统筹疫情防控和经济社会发展,统筹发展和安全。

综上所述,随着新时代我国经济社会发展的不断变化,供给侧结构性改革的政策内涵也在不断完善,从 2015 年强调"三去一降一补"、2016 年继续深化、2017 年强调"破、立、降"、2018 年"巩固、增强、提升、畅通"的新导向,2020 年继续作为主线,在构建新发展格局中与"需求侧管理"相结合,可见供给侧结构性改革的实践指向也是在不断发展的。总而言之,供给侧结构性改革理论的发展源于新时代现实经济发展的需求。

二、基于二元经济转型视域探讨供给侧结构性改革是当前学术研究的短板

源于我国仍存在经济增长速度放缓的实践背景,以及供需错配、科技创新不足、劳动力增长缓慢、要素市场化配置滞后等问题影响着新时代经济发展的质量与效益,学术界围绕供给侧结构性改革问题展开了广泛研究,这些研究涉及供给侧结构性改革的背景、内涵以及理论基础,二元经济与供给侧结构性改革结合的研究,形成了较为丰富的研究成果。相关文献在研究范围上具有广泛性,研究视角上具有差异性,研究方法上具有多样性。已有文献为本书的深入研究提供了必要的思想养分和方法论基础,对本书更加深刻地理解供给侧结构性改革这一问题具有启发和借鉴作用。更为重要的是,基于已有文献的不足和缺陷很可能会延伸出本书的拓展空间和创新方向。

中国特色社会主义进入新时代,缓解新时代的主要矛盾需要我国着力解决不平衡不充分发展问题。长期以来,我国城乡二元经济结构突出,并衍生出农业劳动生产率提高缓慢、资源环境成本上升、农民工非市民化、土地制度改

革难以推进、转型特殊性与滞后性并存、农业现代化短板等多重问题。供给侧结构性改革的主要任务之一是解决我国出现的结构性问题,这源于中国仍存在城乡二元经济结构的实践背景,以及城乡关系变动对整个现代化进程的重要作用,城乡二元结构转型成为我国当前必须解决的重要问题。因此,需要采取适宜的供给侧结构性改革策略,以促进我国二元经济转型,实现城乡融合发展,这是我国当前实现社会主义现代化必须面临和解决的时代课题。

当前,仅有少数学者探讨了如何进行供给侧结构性改革以促进二元经济结构转型。就实践背景而言,这些研究成果回应了中国迄今为止仍存在城乡二元结构这种现实格局,并分析二元经济转型面临的困难,并提出改革措施。就理论渊源而言,这些研究成果则体现出对发展经济学二元经济理论的应用,也丰富了供给侧结构性改革的相关理论。但同时也应当看到,这一问题仍存在不足,有待深入研究:一是现有文献研究供给侧结构性改革缺少与二元经济转型阶段相对应,因此改革重点和路径的针对性和可行性不够;二是现有文献缺少对二元经济转型视域下推进供给侧结构性改革机制的探讨;三是大多文献是在"应然"层面讨论问题,而不是在"实然"层面讨论问题,这样就影响了已有政策建议对实现二元经济转型的实践价值。既有文献研究不足为本书后续深入研究指明了方向,本书将在深刻解析二元经济转型视角下我国推进供给侧结构性改革的背景,我国二元经济转型历史演变与面临的深层次问题,洞悉供给侧结构性改革的重点方向、提出从"应然"走向"实然"的机制设计与对策建议。本书将在这些薄弱环节上进一步加以研究强化和充实,力求全面、系统性地从二元经济转型视角研究供给侧结构性改革这一问题。

第二章　二元经济转型视域下供给侧结构性改革的理论架构

本章在经典二元经济理论模型和供给侧结构性改革理论的基础上,探讨二元经济转型视域下供给侧结构性改革的理论架构。基于结构性与总量性双重视角阐释供给侧与需求侧在二元经济转型中的相互作用及其动态演进,在此基础上,对二元经济转型视域下供给侧结构性改革进行内涵界定,并对不同转型阶段供给侧结构性改革的路线选择进行了分析。基本理论分析框架的构建为后续研究提供了具体的理论指导和方法论原则。

第一节　二元经济转型:理论释义与核心机制

二元经济结构是指城市现代工业部门与传统农业部门并存的经济结构,发展中国家由传统农业经济向现代经济演进过程中都经历了一个二元发展阶段,二元经济转型就是指由异质的二元经济转型为同质的现代化一元经济结构。

一、二元经济转型是技术与制度二元性双重转换的统一

（一）从农业社会向现代工业社会的转型发展

一国在经济发展中,一般将经历马尔萨斯贫困陷阱、格尔茨内卷化、刘易

斯二元经济发展、刘易斯转折点和索洛新古典增长几个阶段,二元经济发展阶段作为发展中国家普遍存在的发展阶段,是从传统农业经济向现代经济增长阶段的过渡阶段(见图 2-1)。而内卷化是形成二元经济结构的一个阶段,也

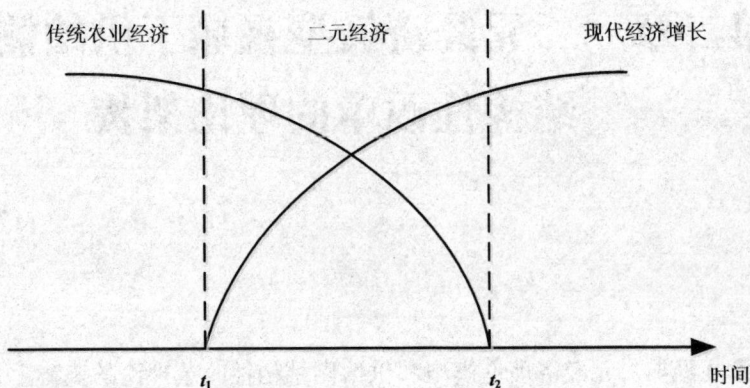

图 2-1　从农业社会向现代工业社会的转型发展

资料来源:根据第二章第一节内容整理得出。

是随后二元经济发展的前奏,当然也是马尔萨斯增长的谢幕阶段。[①] 二元经济结构是发展中国家完成向发达国家跨越之前的典型特征,主要指以城市工业为主的现代部门与传统农业部门并存的经济结构。在漫长的传统农业经济阶段,生产力发展水平极为低下,经济增长呈现出典型的马尔萨斯特征。经过二元经济向一元结构的转型,国民经济从以农业为主转为以非农产业为主,农业与非农业比较劳动生产率趋于一致时,其经济增长就进入了以卡尔多事实为表征的现代经济增长阶段,也意味着二元经济转型结束。因此,二元经济发展阶段介于马尔萨斯阶段到新古典增长阶段之间。[②]

---

① 具体观点详见蔡昉:《中国经济发展的世界意义》,中国社会科学出版社 2019 年版,第 148 页;蔡昉:《二元经济作为一个发展阶段的形成过程》,《经济研究》2015 年第 7 期。

② 汉森和普雷斯科特(Hansen,Prescott,2002)把马尔萨斯类型的经济增长与索洛类型的经济增长统一在一个理论框架,承认在"马尔萨斯"和"索洛"之间存在一个过渡阶段,其关键任务是消除约束劳动力流动的障碍(Hayashi,Prescott,2008)。青木昌彦(Aoki,2012)承认这样一个过渡阶段的存在,是以库兹涅茨式的结构变化作为这个阶段的特征。蔡昉(2013、2015)从较为宏

著名发展经济学家费景汉和拉尼斯把由二元经济向一元经济的演变过程称之为"转型增长"。所谓转型式增长,发生于一个时代的体系向另一个时代的体系转变之时,这一过程可能需要数十年才得以完成。① 因此,二元经济转型可以说是跨时代的转型发展。从世界历史进程考察,这种转型发展主要是由现在的发达国家在早期阶段所引导,由第二次世界大战后的一些欠发达国家来尝试实施的。

(二)基于生产力与生产关系的辩证关系分析二元经济转型

根据马克思主义政治经济学基本理论,任何社会再生产都是物质资料再生产与生产关系再生产的统一。多年来,大多数学者是从生产力的角度来分析二元经济转型问题的,主要认为两部门的差距在于生产力之间的差距,即以农业为代表的传统部门在生产力发展水平上明显低于以工业为代表的现代部门,实现结构转型的主要目的在于使农业发展赶上工业发展水平。然而,工农两大部门在组织制度上也呈现出二元结构的特点。

其实,经济组织的二元化是从早期的农业社会继承下来的。二元经济转型期间以工业为代表的现代部门遵循利润最大化原则,而以农业为代表的传统部门则遵循产量最大化原则。在二元经济转型初期阶段,一国绝大部分比例的人口在传统部门从事农业生产,劳动生产率极其低下,仅能够维持生存,产量最大化是传统农业部门的行为准则,而从农业部门的实际工资看,只能由

大的经济史视野把二元经济发展作为经济增长一个有机的逻辑链条,贯通于经济增长理论框架中,尤其强调刘易斯转折点阶段的重要性。参见 Hansen G. D. 和 Prescott E. C.,"Malthus to Solow",*American Economic Review*,Vol.92,No.2,2002,pp.1205-1217;Hayashi F. and Prescott E. C.,"The Depressing Effect of Agricultural Institutions on the Prewar Japanese Economy",*Journal of Political Economy*,Vol.116,No.4,2008,pp.573-632;Aoki M.,The Five-Phases of Economic Development and Institutional Evolution in China and Japan. In Aoki M and Wu J L(eds),*The Chinese Economy: A New Transition*,Basingstoke:Palgrave Macmillan,2012;蔡昉:《理解中国经济发展的过去、现在和将来——基于一个贯通的增长理论框架》,《经济研究》2013 年第 11 期。

① [美]费景汉、拉尼斯:《增长和发展:演进观点》,洪银兴译,商务印书馆 2004 年版,第4 页。

农业平均产出水平决定,又仅仅能够维持生存,因此称之为生存工资,又为制度工资。农业在二元经济转型初期,在生产力方面,表现为劳动生产率低于城市非农产业,在生产关系方面,传统农业自给自足的生存导向及由血缘关系和分享制决定分配遵循非商品化原则。因此,二元经济转型一方面要突破生产技术二元性,另一方面也要突破组织制度的二元性,使农业与非农产业均依据市场化原则运行。从包含的内容分析,组织二元结构不仅包含市场组织(体系)的不发达,而且包含政府行政组织和金融组织的不发达。因此,二元经济转型包含了生产力方面的二元经济结构转换,也包括了生产关系方面的组织制度转换,是双重转换的统一。

基于经典二元经济模型进行深入分析,费—拉模型比刘易斯模型更侧重于组织意义上的二元化。从生产力与生产关系角度,可将二元结构模型概括为两大特征。其一,生产上的不对称,主要表现为投入要素有差异,土地、劳动和资本三种主要投入要素中,传统农业需要土地、劳动两种要素,而现代工业部门需要劳动和资本两种要素,劳动力是唯一、两大部门共同拥有的要素,具有可流动性特征。其二,组织上的不对称,传统农业部门以产量最大化为目标,以分享制为主要分配原则;而现代工业部门以利润最大化为原则,产品按边际原则分配。这种特征被称为发展经济学"思想上的二元性"[1]。

二、二元经济转型的阶段划分

(一) 二元经济转型的三个阶段

根据刘易斯—费景汉—拉尼斯模型,将一个经济体的整个劳动力迁移过程分成三个阶段、两个转折点。当边际劳动生产率为零的农业剩余劳动力全部转移到现代非农产业,二元经济转型进入了"刘易斯第一转折点",转折点之前,农业剩余劳动流入非农部门时不影响现代部门的工资水平;转折点之

---

① 李晓澜、宋继清:《二元经济理论模型评述》,《山西财经大学学报》2004 年第 1 期。

后,边际劳动生产率大于零小于制度工资水平农业剩余劳动力陆续向城市非农部门转移,粮食短缺导致粮价和工资出现上涨。费景汉和拉尼斯又把"刘易斯第一转折点"称为"粮食短缺点"。当边际劳动生产率大于零小于制度工资全部劳动力转移到城市非农产业部门后,二元经济转型就进入了"刘易斯第二转折点",又被称为"商业化点"①。

从当前研究二元经济转型的文献来看,很多学者认为二元经济转型一旦进入"刘易斯第二转折点",意味着农业剩余劳动力全部被现代部门吸收完毕,也标志着一个国家或地区二元经济结构转型的完成。张桂文(2012)认为,从动态演进的角度分析二元经济转型,即使刘易斯第二转折点到来,工农两大部门的劳动边际生产率并不相等,农业劳动力转移会一直持续,直到农业现代化完成时停止,该经济体也就进入了高收入国家行列,二元经济转型才真正结束。因此,刘易斯转折点准确讲是一个时间区段、一个过程,而非一个时点。本书在刘易斯—费景汉—拉尼斯模型的基础上将一个经济体的二元经济转型划分为三个阶段:将"刘易斯第一转折点"之前的发展阶段界定为二元经济转型初期,将"刘易斯第一转折点"和"刘易斯第二转折点"之间的时间间隔界定为刘易斯转折阶段,又被称为二元经济转型中期,"刘易斯第二转折点"到一国进入高收入阶段界定为二元经济转型后期②。

本书用图 2-2 来阐述三阶段的二元经济转型理论。横轴表示经济体中所有的劳动力数量 L,L_R 表示农业部门的劳动力数量,L_U 表示工业部门的劳动力数量,纵轴表示工资水平及工业部门的边际产出(MPL),RS 表示农村劳动力的供给,W_R 代表农业部门的制度工资。二元经济转型过程划分为三个阶段:第一阶段为 A_1A_2 阶段,二元经济转型初期边际劳动生产率为零的剩余劳动力从农业

---

① 具体参考张桂文、孙亚南:《二元经济转型视角下中国潜在经济增长率分析》,《当代经济研究》2015 年第 12 期。

② 蔡昉(2018)也将二元经济发展阶段(劳动力转移或迁移过程)分为"刘易斯转移阶段""托达罗转移阶段""费—拉尼斯转移阶段",与本书的划分标准大体相同,只是名称称谓不同。参见蔡昉:《农业劳动力转移潜力耗尽了吗?》,《中国农村经济》2018 年第 9 期。

转移出来,两个部门的劳动力工资都依然保持在生存工资水平。随着工业生产率的提高,资本积累使现代工业部门进一步扩张,进入第二阶段,即 A_2A_3 阶段,刘易斯转折阶段农村劳动力从无限供给转为有限供给。随着工业部门的扩张,劳动力继续转移,直到下一均衡点 A_3,进入到了第三阶段为 A_3 至右轴阶段,在二元经济转型后期继续转移的劳动力的边际劳动生产率为大于制度工资水平,两部门的工资水平均由各自边际劳动生产率决定,并开始同步上升。

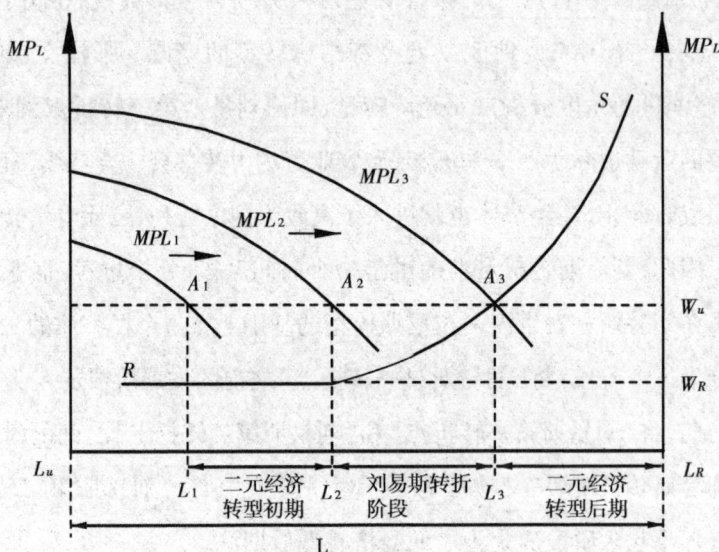

图 2-2 包含三阶段的二元经济转型模型

资料来源:根据第二章第一节内容整理得出。

在劳动力规模给定的情况下,转型中三个阶段的长度和时间的确定取决于劳动力吸收与推进的速度。劳动力吸收的速度与资本积累、技术进步呈正相关,推动劳动力转移的因素为农业现代化,农业现代化进程越快,释放出来的劳动力越多,从而推进转型进程。

(二)二元经济转型的关键阶段

实现二元经济转型的关键在于如何度过刘易斯第一转折点至第二转折点

的刘易斯转折阶段,即 A_2A_3 时段。主要原因在于,在刘易斯第一转折点之前,劳动边际生产率为零的农业劳动力转移不会影响农业总产出水平,一国的粮食短缺、粮食安全未能受到威胁;进入刘易斯第二转折点之后,意味着短缺点与商业化点相重合,一国不会出现因粮食短缺而停止转型。但当经济转型进入刘易斯第一转折点时,由于边际劳动生产力大于零小于不变制度工资的劳动力转移会减少农业总产出水平,这意味着将会出现城市中非农消费的粮食供给不足以按制度工资满足工人的生活需要。正因如此,刘易斯第一转折点也被称作"食品短缺点",容易出现由于食品短缺引致经济出现通货膨胀,非农部门工资可能出现超常上涨的境况,结果在商业化点到来之前,工业部门的扩张可能会停止,转型受到阻滞。

当二元经济转型进入到刘易斯转折阶段,也就进入了二元经济转型最困难也是最关键的阶段。既有上述分析的原因,同时,这个阶段进入劳动力成本上升区间,更由于粮食短缺点的到来,威胁到一国的粮食安全,相应地进入到农业政策调整阶段,但由于边际生产力大于零小于不变制度工资的剩余劳动力的存在,促使工农两大部门都存在严重的就业压力。因此,当转型进入刘易斯转折阶段,经济发展面临着诸多不易解决的难题。若解决得好,将顺利完成转型;否则,一国将陷入"中等收入陷阱"。因此,这一阶段是整个二元经济转型的关键阶段。

三、二元经济转型的核心机制

著名发展经济学家刘易斯在 20 世纪 50 年代中期最早建立二元经济理论及其分析框架,费景汉和拉尼斯(1961、1963)秉承着刘易斯的基本假设与分析思路,对刘易斯模型做了重要补充和修正。由于该模型脱胎于刘易斯模型,又实现了对该模型的扩展,所以又被称为"刘易斯—费景汉—拉尼斯模型",与其他二元经济转型模型相比,刘易斯—费景汉—拉尼斯模型最突出的特点是揭示了发展中国家传统农业部门和现代工业部门不仅在生产技术上存在二元性,而且在组织制度上也存在二元性,更符合发展中国家二元经济转型的实际。

刘易斯(1954)提出的著名的劳动力无限供给条件下两部门模型中,将二元经济转型分为两大阶段。第一阶段中,刘易斯把劳动力供给看作是无限的;第二阶段中,农业劳动边际生产率逐渐提高,这时工业部门需要提高工资才能雇佣到更多的劳动力。从第一阶段转向第二阶段的时点被称为"刘易斯转折点"。根据二元结构模型生产上的不对称性,劳动作为工农两大部门唯一且共享的生产要素,其流动能够促进二元结构模型其他变量的不断变化。而根据二元经济转型的三个阶段划分,参见图2-2,也是以劳动力的不同状态作为划分标准的。因此,二元经济转型的核心机制就在于农业剩余劳动力向现代工业部门的转移问题。

第二节　供给侧与需求侧在二元经济转型中的相互作用及其动态演进

习近平总书记指出,推进供给侧结构性改革,要用好需求侧管理这个重要工具,使供给侧结构性改革和需求侧管理相辅相成、相得益彰。一个经济体在二元经济转型中面临着供给侧和需求侧两个方面,共同作用,推动经济实现从传统农业经济向现代经济过渡的转型式增长。

根据二元经济理论经典模型分析,无论是20世纪50年代中期到60年代初刘易斯模型和拉尼斯—费景汉模型为代表的古典二元经济理论,还是60年代中期到70年代初以乔根森模型和托达罗模型为代表的新古典二元经济理论,这些二元理论模型对发展中国家二元经济结构转型的分析都是沿着供给主导思路进行的,着重分析如何通过转移劳动力、增加农业剩余和促进工业资本积累推进二元经济结构向一元结构的转型。然而80年代,一些发展中国家在没有摆脱劳动过剩的特征之前,就出现了比较严重的有效需求不足问题,工农业生产发展因需求约束而受阻,二元经济结构转型进程迟缓。在这一历史条件下,一些经济学家开始改变供给导向的研究思路,开始将凯恩斯的有效需求思想引入二元经济理论,形成了重视需求约束的二元经济理论,这一理论也被称为凯恩斯主义二元经济理论。80 年代中期之后,关于二元经济结构的研究又转变到制度层面分析,第一次提出"组织二元结构",集中讨论劳动力市场的二元性、内生工资扭曲、补贴政策等,还有从农业政策、农村产权制度对二元经济转型的影响,基于分工演进的角度解释二元经济的形成与发展。而从国内来看,我国学者对二元经济的研究是从 20 世纪 80 年代以后开始的,主要包括经济结构形态的研究、以农业剩余劳动力转移为主线的研究、以制度为重点的多维度探讨、关于刘易斯转折点的讨论等。上述研究并没有系统地分析二元经济转型中供给与需求的共同作用,著名学者蔡昉是研究二元经济理论的专家,曾认为应该从长期的供给因素和短期的需求因素相结合的视角判断经济发展阶段与认识宏观经济形势,本部分将在此方面作出一些探索。一个经济体二元经济转型的核心机制是农业劳动力的非农化转移,同时随着资本积累与技术进步,可以说,二元经济转型过程也是要素在城乡间的流动与配置过程,转型不同阶段要素禀赋呈现不同的特点,供给强度也会发生变动。与此同时,在二元经济转型与发展过程中,人们的需求层级、需求结构与强度也在不断变化。因此,这里从结构性与总量性两大方面分析供给侧与需求侧在二元经济转型中的相互作用。结构性主要是从供给结构与需求结构的相互作用出发,总量性主要从供给强度与需求强度的相互作用进行考察。

一、供给侧与需求侧在二元转型中的相互作用及动态演进机制——基于结构性视角分析

　　基于结构性视角分析供给侧与需求侧在二元经济转型中的相互作用及其动态演进机制,首先要界定供给结构①和需求结构②。在二元经济转型中,供

---

　　①　供给结构是指在一定价格条件下作为生产要素的资本、劳动力、技术、自然资源等在国民经济各产业间可以供应的比例,以及这种供给关系为联结纽带的产业关联关系。
　　②　需求结构主要是指购买力结构,是指社会总有效购买力在各产业中的分配比例。

给结构主要是指劳动力、资本、技术等生产要素在城乡间流动的比重,二元经济转型的不同阶段,生产要素的稀缺程度也不相同,从劳动力的无限供给到有限供给,再到稀缺,资本与技术要素的参与程度也不同,以及带来的产业结构的升级,从劳动密集型产业、资本密集型产业到技术密集型产业。从需求结构看,二元经济转型不同阶段,生产力发展水平不同,人们的收入水平也在不断提高,需求结构从低层级的追求温饱的标准化需求逐渐过渡到个性化、多层次、高质量层级结构。二元经济转型过程中,在社会需求不变的条件下,根据成本收益原则,多用相对丰裕的资源,少用稀缺资源;而在要素禀赋为一定的条件,适应生产力发展水平的经济发展方式必须与社会需求结构相一致,也就是说,要根据社会需求选择经济发展的不同要素组合,能够提高资源的利用效率与配置效率。

第一,在二元经济转型初期,农业人口占社会总人口的绝大多数,受土地有限性的制约,在固定土地上密集型的劳动投入,导致农业劳动边际生产率为零甚至为负数。这就决定了农业部门的工资不能由边际劳动生产率来决定,只能由农业的平均产出来决定。工业部门的工资水平也相当于生存工资。二元经济转型初期的"生存工资铁律"决定了这一时期经济运行遵循着"古典储蓄规则",即只有极少数的地主和资本家能够进行储蓄。因此,在二元经济转型初期,要素禀赋的特点是劳动力供给极为丰富,而资本高度稀缺。这一供给结构的特点反映在市场价格上,就表现为劳动力价格低廉,资本品价格昂贵。因此经济发展最有效的生产要素组合方式,是多用劳动力少用资本。从需求结构的角度分析,这一阶段现代工业部门弱小,居民收入水平低下,社会有效需求集中于满足生存需要的农业和其他日用品上,这种单一的标准化需求对应的产业资本有机构成低,产品的技术含量低。从人力资本的角度分析,这一阶段经济发展刚刚起步,受资本稀缺影响,技术创新也缺乏相应的人才支持和科学知识的积累。同时,二元经济转型初期,经济发展的资源环境与市场需求约束问题还不突出。综上分析,增加要素投入特别是增加劳动要素投入是二元经济转型初期促进经济发展的主要方式。与这一发展方式选择相契合,这一阶段的技术创新通常以引进模仿为主,并主要选择劳动偏向型技术创新路线,产业结构也会呈现出劳动密集型产业占主导的特点。

第二,当二元经济转型进入刘易斯转折阶段,从要素禀赋考察,一方面,劳动力从无限供给转变为有限供给;另一方面,随着劳动力非农化转移所带来的工业部门的扩张,资本要素的丰裕度逐渐提高。从社会需求分析,一方面,生存工资水平逐渐提高,消费需求的重点转向耐用消费品;另一方面,城市规模的不断扩大,对社会基础设施的需求也日益增加。显然,无论是从供给结构考察,还是从需求结构角度分析,刘易斯转折阶段,市场主体都倾向选择资本—劳动比较高的资本密集型产业。随着资源环境与市场需求约束的强化、国际竞争加剧,以及资本密集型产业发展对技术要求的提高,二元经济转型初期以引进模仿为主的技术进步方式已不能适应资本密集型产业的发展要求,因此,这一阶段技术进步的主要方式就从引进模仿为主转为模仿创新为主,技术创新路线也从劳动偏向型转为资本偏向型。同时,经过二元经济转型初期的人力资本投资,以及农业劳动力非农化"干中学"过程的人力资本积累,模仿创新型技术进步和资本密集型产业发展所需的人才支持和技术知识积累也基本完备。与产业结构和技术进步方式转变相一致,刘易斯转折阶段的发展方式仍然属于要素投入型,但与二元经济转型初期相比,资本要素的投入规模会大幅度增加,且技术创新的强度也有较大程度的提高。因此,刘易斯转折阶段是制度安排的转变和制度创新的关键阶段。

第三,二元经济转型后期,从要素禀赋的角度考察,劳动力由丰裕资源变成稀缺资源。随着经济发展水平的提高所带来的人口转型,以及生产规模不断扩大、资本积累日益增加,与资本要素相比,劳动要素的稀缺程度更高。从社会需求的角度分析,这一阶段工资决定机制的变化使人们收入水平不断提高,促进了消费结构进一步升级,人们对社会需求也更加多样化、多品种与个性化。而且,由于生产规模的不断扩大,资源环境与市场需求的约束进一步强化;特别是国际竞争格局的改变,使进入二元经济转型后期的经济体面临的国际市场竞争更加激烈。显然,无论是要素禀赋的供给结构、需求结构的变化,还是突破资源环境与市场需要的约束,或是提高国际竞争力的需要,二元经济转型后期,经济发展方式必须转变。与创新驱动型发展方式转变相契合,二元经济转型后期技术进步将从模仿创新型向自主创新型转变①,技术创新路线也从资本偏向型转为知识偏向型;产业结构也由资本密集型产业为主转为技术密集型产业为主。

综上分析,一个经济体二元经济转型的不同阶段,供给结构与需求结构的相互作用主要表现为要素禀赋和社会需求层级的变化,二者的演变是一个动态过程,推动着产业结构的不断升级,技术进步方式的不断变化,最后推动一个经济体的经济发展方式作出根本转变,并进行着动态调整②,见图2-3。二元经济转型初期,劳动力要素供给较多,资本要素稀缺,社会需求以满足日常需要的生存为主,这样的供给结构与需求结构导致产业结构以劳动密集型产业为主,技术进步主要是引进模仿的创新方式、劳动偏向型创新路线,因此这一阶段的发展方式是以劳动力投入为主的要素驱动型为主导。刘易斯转折阶段,劳动力要素从无限转为有限供给,资本要素的丰裕度逐渐提高,社会需求的重点转向耐用消费品,产业结构过渡资本密集型产业为主,技术进步的方式主要是模仿创新的创新方式和资本偏向型创新路线选择,因此经济发展方式是以资本投入为主的要素驱动型为主导。二元经济转型后期,相对于资本,劳动力要素更加稀缺,社会需求结构不再标准化、大众化,呈现多样化、个性化、

---

① 二元经济转型后期,技术进步以自主创新为主,其原因不仅是由于要素禀赋、社会需求的变化,资源环境与市场需求约束的强化,以及国际市场竞争加剧,也是由于这一阶段发展中国家整体技术水平已接近技术前沿,加之发达国家的对高新技术的垄断,以引进技术的形式促进技术进步已不具备现实的可行性。

② 产业结构升级表现为从劳动密集型产业向资本密集型产业和技术密集型产业的依次演变过程;经济发展方式是根据实现经济发展所依赖的发展源泉的不同组合把发展方式分为要素驱动型和创新驱动型两大类,发展方式转变是从要素驱动型逐渐转变为创新驱动。值得注意的是,劳动密集型、资本密集型、技术密集型的产业的划分,以及要素驱动型与创新驱动型发展方式的划分是相对的,都是指某一种要素组合占主导地位而言。

高级化的特点,这就要求产业结构以技术密集型产业为主,采取自主创新的主要创新方式。总之,追求利益最大化的市场主体才会在反映要素稀缺程度和市场需求状况的价格信号引导下,多用相对丰裕的生产要素,少用稀缺程度较高的生产要素,并选用符合要素禀赋条件的生产技术,生产适销对路的产品。微观主体选择与政府干预的动态集合,形成了二元经济转型中产业结构由劳动密集型—资本密集型—技术密集型产业为主的动态演变;与此相契合的经济发展方式也由二元经济转型初期和刘易斯转折阶段的要素投资驱动型转变为创新驱动型,并将在创新驱动型发展方式的作用下,进入高收入国家的发展阶段,完成二元经济转型。

二、供给侧与需求侧在二元转型中的相互作用及动态演进机制——基于总量性视角分析

基于总量性视角分析供给侧与需求侧在二元经济转型中的相互作用主要是从供给强度和需求强度进行研究的,在二元经济转型中,供给强度主要表现为潜在产出水平的高低,需求强度表现为需求水平的高低,供给侧与需求侧在二元经济转型中的组合大体主要分为以下四种情形,分别是强供给和强需求的组合、强供给与弱需求的组合、弱供给与弱需求的组合、弱供给与强需求的组合。①

第一,在二元经济转型初期,尤其是二元经济刚刚开始形成阶段,传统农业部门劳动力供给无限,现代工业部门较为弱小,农业劳动生产率十分低下,人们的需求水平较低,表现为弱供给与弱需求的组合,但这一时期是非常短暂的,仅仅表现为二元经济初始阶段。随着工业化的不断扩张与发展,资本积累能力不断增强,资本要素供给日益充分,由于劳动力无限供给的特点,资本报

---

① 本书认为,这里的强弱之分只是相对于二元经济不同的转型阶段而言的,是相对的。这里的四种情形参考蔡昉(2014)认为分析判断中国经济形势时应采用长期视角和短期视角,长期主要看供给因素,短期看需求形势,将长短期结合起来宏观经济形势可分为四种情形。参见蔡昉:《从人口红利到改革红利》,《文汇报》2014 年 4 月 28 日。

酬递减现象基本不会发生,经济转型中潜在产出能力较强。虽然此时社会需求表现为以基本生活资料需求为主,对农业和轻纺工业产品的需求量最大,需求水平也在飞速提高,旺盛的需求水平足以与供给能力相匹配,形成了二元经济发展过程中赶超现象,尤其是接近刘易斯转折阶段时,较高的潜在产出能力和较强的需求水平之间形成匹配,表现为强供给与强需求的组合。

第二,当二元经济进入刘易斯转折阶段,资本要素逐渐代替劳动,劳动力比较优势降低,表现为依靠劳动力的传统经济增长源泉式微,若短期内尚未挖掘出新的增长源泉,潜在产出能力就会逐渐下降。与此同时,非熟练劳动力的工资水平不断上涨,产品成本日益提高,传统产业比较优势下降,供给能力减弱。这一时期劳动生产率的不断提高,商品的供给能力不断增强,若居民收入的增长速度低于商品供给能力的增长,最终消费需求不足就成为制约经济增长的重要因素。这一阶段居民温饱问题已得到解决,虽然收入水平上升,但人们的需求结构表现为以耐用消费品为主,需求强度也在变弱。在刘易斯转折阶段的供给侧与需求侧组合从强供给、强需求逐渐向弱供给、弱需求转变。

第三,二元经济转型后期,经济发展中依靠劳动力和资本的要素优势显著降低,劳动力供给更加少了,稀缺程度更高,资本回报率下降,依靠全要素生产率,很大程度上依靠技术创新,增长率较之前有所降低,潜在产出能力也在降低,需求强度也不再保持以往的高水平状态,逐渐减弱,最后达到较弱的供给和需求因素取得动态均衡,达到新古典增长的常态,经济向平衡增长路径收敛,二元经济转型结束。

前面所述的二元经济转型三大阶段基于总量视角分析从强供给、强需求逐渐向弱供给、弱需求转变的过程,基本都是不断调整供需达到动态均衡,这是一个动态发展的过程。在这个过程中也会出现特殊情形,就是供给与需求难以形成动态均衡,第一种情形:强供给与弱需求的组合,即较高的潜在产出能力与较弱需求水平不匹配,这种组合将会导致较为严重的劳动力市场冲击;第二种情形:弱供给与强需求的组合,即较低的潜在产出能力与较强需求水平形成不匹配,这种组合很容易发生产能过剩甚至经济泡沫的后果。[①] 因此,在二元经济转型的同一发展阶段,也要根据经济社会条件的变化和市场发育与完善程度对供给与需求的作用组合进行调整。

　　基于结构性视角和总量性视角两大方面分析供给侧与需求侧在二元经济转型中的相互作用及动态演进机制详见图2-3。

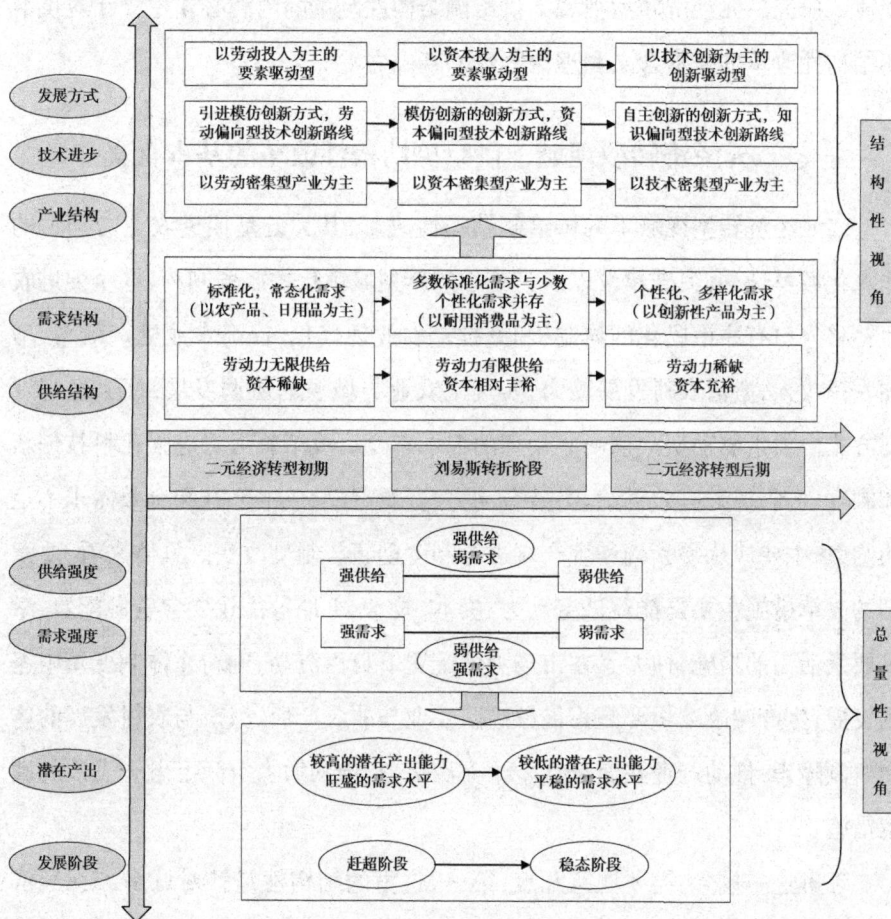

图2-3　二元经济转型不同阶段供给与需求相互作用及其动态演变

资料来源:根据第二章第二节内容整理得出。

[①]　参见蔡昉:《未来中国经济需警惕人为泡沫》,《中国经济导报》2014年2月22日。

第三节 二元经济转型视域下供给侧结构性改革的内涵阐释与理论基础

经济理论研究是从确立概念并分析概念中的关联来把握经济活动的内在规律。研究二元经济转型视域下供给侧结构性改革的内涵必须建立在对供给侧结构性改革的基本含义和理论解释的基础之上。

一、二元经济转型视域下供给侧结构性改革的基本含义

二元经济转型视域下的供给侧结构性改革,其关键是促进农业劳动力的非农化城乡迁移,突破建设以人为核心的新型城镇化的瓶颈制约,健全促进农业转移人口有序市民化的体制机制;推进农业现代化,提高农业生产效率,增加农民收入,激活农村发展动力,实现工农业与城乡的协调发展;促进经济发展方式由要素驱动型向创新驱动型的根本转变。改革着力点应强化科技创新和制度创新,扩大有效供给,突破劳动力、资源、环境成本上升和有效需求不足的约束,主要应从要素端和生产端进行制度创新与制度改变。具体来看,要素端的改革措施主要是能促进劳动力、资本、技术、土地等优化要素资源配置、激发要素活力的措施,使要素在市场力量配置下自由流动、创新在体制变革中蓬勃发展;生产端改革主要是指能够破除农业与非农产业、城市与农村发展的体制机制障碍,推动产业在充分竞争中充满活力、推动城乡空间上融合发展的政策措施。

理解这一概念,需要注意几点:第一,这里的结构性是针对城乡二元经济结构而言的,二元经济结构是以农业为主的传统部门与非农业为主的现代部门并存的经济结构,这是发展中国家的基本结构特征,工农间与城乡间的巨大二元反差,是制约国民经济持续健康发展的症结所在。因此,无论是实现中国经济的高质量发展,还是推进供给侧结构性改革,都需要抓住二元经济转型这

一关键环节。第二,供给侧是针对需求侧而言的,并非完全忽略需求侧,在宏观经济中,供给与需求是相伴而生的,供给侧与需求侧在二元经济转型中也是相互作用的,二元经济转型视域下供给侧结构性改革是在考虑需求侧基础上对供给方面进行结构性调整的制度安排和制度创新,提高供给结构对需求的适配性。第三,这里的供给侧结构性改革更加侧重"补短板",通过对农村基础设施的改善、公共服务的普及,带动投资和消费需求增长;通过产品和服务创新提高产品的品类和质量,以创造更多的国内外需求。第四,供给侧结构性改革虽然注重完善生产关系,但也不能忽视发展社会生产力,促进农业现代化和工业化;改革过程中,既要发挥政府的顶层设计作用,又要注重发挥市场在资源配置中的决定性作用。

二、二元经济转型视域下供给侧结构性改革的理论基础

根据马克思生产力与生产关系辩证关系理论,二元经济转型作为技术与制度二元性双重转换的统一,二者存在相互促进、相互作用的关系。[①] 一国二元经济转型中生产技术的发展必然随着组织制度的变化,主要原因在于任何一个国家二元经济转型应是人与物的关系和人与人的关系的有机统一。生产技术是从人与物的关系上代表了社会生产力的发展水平,组织制度则是从人与人的关系上反映了一个社会生产关系的性质。既言之,生产技术与组织制度之间存在十分密切的关系。基于马克思生产力与生产关系辩证关系理论,二元经济转型中生产技术与组织制度二者之间的关系是生产技术决定组织制度,而组织制度又深刻影响着生产技术,一国二元经济转型过程中生产技术的变动及其发展无不受现有组织制度的影响和约束,组织制度的完善与否直接关系生产技术水平的实现,因此从这个角度讲,组织制度是生产技术的前提与条件。因此,一个经济体在二元经济转型过程中,不同转型发展阶段生产技术

---

① 参见张桂文:《二元转型及其动态演进下的刘易斯转折点讨论》,《中国人口科学》2012年第4期。

水平不同,要求相应的组织制度与之相适应,政府作为制度的供给者和公共政策的制定者,需要根据发展阶段变化而采取适宜的制度供给。

二元经济转型初期,劳动力无限供给的特征使这时期的制度安排和政策选择不需将劳动力因素划为考虑范围,更多考虑的是如何促进资本积累;随着刘易斯转折阶段的到来,生产要素数量的变动一方面通过供求关系导致相应的要素价格变动,必然带动相关产业及其结构发生改变,关系整体经济结构变化,关系城乡关系的变化,关系"三农"问题;另一方面劳动力市场长期供求关系的变化,会带来不同群体对政策影响力的变化,从少数人占主导的"数量悖论"向多数人发挥作用的"供求法则"转变(Olson, 1985[①]; Anderson, 1995[②]),一系列利益格局的均衡发生变化。因此,刘易斯转折阶段的到来,对经济社会适应自身发展的阶段性变化提出了新的制度需求。而到二元经济转型后期,工业进入高级发展阶段,农业现代化普及,劳动力供给更为紧缺,更高的生产技术水平和劳动力状况对制度安排又提出了新要求。二元经济转型进程中不同发展阶段制度供给是在不断演变的,相应地,需要进行供给侧结构性改革以适应发展阶段的跨越、内部核心问题的解决以及转型外部性条件的变化。

第四节　二元经济转型不同阶段供给侧
结构性改革的路线选择

基于生产技术角度考察,工业化、农业现代化与城镇化良性互动作为实现二元经济转型的基本条件,二元经济转型过程可以看作是生产要素和社会资源在工业与农业之间、城市与乡村之间的再配置过程。基于组织制度角度考

---

① Olson M., "The Exploitation and Subsidization of Agriculture in Developing and Developed Countries", *International Association of Agricultural Economists*, Málaga, Spain, 1985.

② Anderson K., "Lobbying Incentives and the Pattern of Protection in Rich and Poor Countries", *Economic Development and Cultural Change*, Vol.43, No.2, 1995, pp.401-423.

察,二元经济转型并不局限于刘易斯—费景汉—拉尼斯模型所揭示的农业商业化或市场化的过程,更是市场制度健全完善和政府治理日益成熟的过程。发展中国家要实现二元经济转型,必须建立起适应现代经济社会发展的经济运行机制和经济调节机制,在最大限度地激励市场主体的积极性和创造性的同时,保证国民经济持续健康发展与社会稳定和谐。为此,必须要妥善处理好政府与市场的关系。二元经济转型不仅涉及工人与农民、城市居民与农村居民间的利益关系,也关系着劳动者与资本所有者的利益关系。农业剩余劳动力不断向城市非农产业转移的过程,不仅是工业化、农业现代化以及人口城市化的过程,也是劳资关系不断扩大,传统小农经济逐渐解体的过程。因此,一个经济体二元经济转型过程表现在政府根据二元经济转型不同阶段的经济发展实际制定符合经济发展规律要求的具体制度安排,总体目标是推动经济发展方式从要素驱动型向创新驱动型转变,供给侧结构性改革的具体路线表现为对政府与市场关系、工业与农业关系、城市与乡村关系,以及劳动者与资本所有者关系四大方面的妥善处理上。值得注意的是,二元经济转型不同阶段的改革也是动态的调整过程,参见图2-4。

经济发展方式	以劳动力要素投入为主的要素驱动型	以资本要素投入为主的要素驱动型	以技术创新为主的创新驱动型
劳资关系	有利于资方	有利于保护劳动者权益	更加有利于保护劳动者的权益
城市与乡村	农村支持城市	统筹城乡发展	城乡融合发展
工业与农业	农业支持工业	工业反哺农业	更大力度工业反哺农业
政府与市场	干预产业发展培育并发展市场	取消对产业的直接干预促进市场发挥作用	实行功能性产业政策发挥市场对资源配置的决定作用
转型阶段	二元经济转型初期	刘易斯转折阶段	二元经济转型后期

图2-4　二元经济转型不同阶段供给侧结构性改革的路线选择

资料来源:根据第二章第四节内容整理得出。

一、二元经济转型初期的供给侧结构性改革路线

二元经济转型初期也是发展中国家实现经济起飞的过程。为了在低起点的基础上促进资本积累,通过农业剩余劳动力的非农化城乡迁移,推进工业化进程,以尽快摆脱对发达国家的经济依附,在市场体系极不完善的条件下,政府对经济生活的干预范围最广,干预力度最强——这突出地表现在产业政策上,不仅广泛采用间接干预手段,也存在对经济生活的直接行政干预。这一阶段,政府在工农关系与城乡关系上采取农业和农村支持工业和城市的政策取向;在劳资关系方面采取有偏于资方的制度安排。

二、刘易斯转折阶段的供给侧结构性改革路线

刘易斯转折阶段是边际劳动生产率大于零小于制度工资的农业剩余劳动力向城市非农产业转移的阶段,也是二元经济转型初期的各项制度安排重新调整的阶段。随着边际劳动生产率大于零的农业剩余劳动力全部转移到城市非农产业,以及长期以来农业、农村对工业和城市发展的支持,农业和农村成为制约二元经济转型的短板,由此引发了工农关系和城乡关系政策的调整;劳动力供求关系的变化,以及市场需求约束的强化,导致劳资关系政策要发生改变。同时,随着社会生产规模日益扩大,不仅市场需求约束趋于强化,资源与环境的约束也日益凸显,加之二元经济转型初期政府对经济生活的直接和间接干预,也使政府失灵问题日益突出。无论是缓解资源环境约束还是克服政府失灵都要求强化市场配置资源的作用,减少政府对经济生活的干预。这一产业政策表现为政府不再采用行政手段直接干预产业发展,并随着主导产业竞争力的不断增强,逐步减少对产业发展的间接干预。

三、二元经济转型后期的供给侧结构性改革路线

二元经济转型后期,工农两大部门的工资决定机制的变化和农业部门市

场化的完成,标志着组织制度二元经济转型的基本完成。这一阶段,经济规模进一步增大和国际贸易摩擦的加剧,导致资源环境和市场需求的约束进一步强化;受发展中国家与发达国家的技术水平不断接近的影响,通过技术引进的模仿创新之路已不再可行。一方面,缓解资源环境与市场需求的约束,以及提高国际竞争力都需要进一步减少政府对经济生活的干预,使企业成为技术创新的主体;另一方面,市场经济制度的确立和完善,以及经济实力的增强,使政府也没有必要去代替市场能做并能够做得好的事情。因此,二元经济转型后期,产业政策应转变为市场主导下的功能型产业政策,与此相一致,政府职能也会发生根本性转变,从主导经济运行的"发展型政府"转变为弥补市场失灵的"服务型政府"①。这一阶段工农关系和城乡关系,将继续更大力度实行工业反哺农业和城市支持农村的政策;劳资关系政策也将继续实行更加有利于保护劳动者权益的制度安排②。

---

　　①　参见田国强、陈旭东(2016)在其著作中具体分析了从发展型政府向服务型政府的转变问题。具体详见:田国强、陈旭东:《中国改革——历史、逻辑和未来》,中信出版集团 2016 年版,第 224 页。
　　②　以上观点参考张桂文、周健等(2021)整理而得。具体详见张桂文、周健:《制度变迁视角下的中国二元经济转型》,社会科学文献出版社 2021 年版,第 106—120 页。

第三章 基于二元经济转型视域分析供给侧结构性改革背景

我国大量农业剩余劳动力的存在与转移,影响经济转型与发展的长期与短期过程,赋予其中国特色。本章在对当前我国二元经济转型阶段性判断的基础上,对我国二元经济发展进行分阶段历史性考察,农业劳动力转移进程深刻地影响着我国经济转型与经济发展。尤其是 21 世纪以来,随着刘易斯转折点的到来,中国经济发展阶段已经发生了根本性的变化。且不久的将来,农业剩余劳动力式微乃至最终消失,仍会给我国经济社会发展带来深刻变革,影响着全面建设社会主义现代化国家的进程。

第一节 中国二元经济转型的阶段性判断

中国二元经济转型的阶段性判断,即识别刘易斯第一个转折点和刘易斯第二转折点。刘易斯转折点是对经济发展事实的一种特征化概括,其政策含义在于从中认识特定发展时期最突出的问题,找到打破制约的途径,可见中国二元经济转型的阶段性判断具有重大现实意义。

一、刘易斯转折点的判断标准

（一）刘易斯—费景汉—拉尼斯模型的判断标准

刘易斯—费景汉—拉尼斯模型界定了刘易斯第一转折点和第二转折点，并提出了相应的判断标准。

第一，刘易斯第一转折点的判断标准是农业边际生产率大于等于零。

刘易斯第一转折点被称为"短缺点"。由于工农业部门贸易条件的恶化，现代工业部门的工资开始上升。由此可见，农业边际生产率大于等于零的农业剩余劳动从农业部门中转出来是刘易斯第一转折点出现的关键，其是基本的判断标准。

第二，刘易斯第二转折点的判断标准是农业边际生产率大于等于生存工资。

刘易斯第二转折点被称为"商业化点"。在此之前，农业部门劳动生产率极低，农业产出仅能维持生存，因此，遵循产量最大化的行为准则。农业部门的"工资"不是由市场机制决定的，只能由农户家庭内部按分享制原则所决定。刘易斯第二转折点到来，农业部门的劳动边际生产率将大于等于生存工资水平，从此时开始农业部门的收入分配遵循商业化原则，即由农业劳动边际生产率决定其工资水平，农业部门和工业部门的工资就会随之快速上升。因此，刘易斯第二转折点的基本判断标准是农业部门的分配原则由分享制转为商业化。

（二）南亮进（Minami）准则

1973 年，南亮进（Minami）出版了 *The Turning Point in Economic Development: Japan's Experience* 一书，2008 年被译成中文版。在这部著作中，南亮进指出，日本自明治时代以来存在典型的二元经济结构：以有效利用劳动力为特征的传统产业和以从西欧引进技术为动力的现代化产业并存,这为研究刘易斯转折点提供了良好的素材。南亮进提出了判断刘易斯转折点是否到来的五个标准,并对日本刘易斯转折点进行了验证。

一是农业部门[①]工资与劳动边际生产力的比较。通过二者的数值比较确定转折点。二是农业部门工资和劳动边际生产力之间的相关关系。由劳动的无限供给向有限供给转变,两者之间相关性由相对较弱到相对较强。三是农业部门实际工资的动向。如果农业部门或非熟练劳动力的实际工资从某时期开始快速上升,这个时期就是转折点。四是工资差别的变化。非熟练劳动力的实际工资加速上涨、与熟练部门的工资差别开始缩小的时期,就可以看成是转折点。五是农业部门对工业部门劳动供给的弹性。如果供给弹性在某年由无穷大变成一个有限的正数,也许就会出现转折点。

南亮进指出,上述五个标准中,标准一提供了最直接的标准,标准二由标准五给出,其他标准也都将被尝试使用。但是必须注意的是,南亮进提出的验证准则是对刘易斯第二转折点(即商业化点)的验证。[②] 其研究结论指出,日本于20世纪60年代初发生的变化可以通过转折点理论进行解释。

(三) 本书的判断标准

本书以刘易斯—费景汉—拉尼斯模型为基础,参考南亮进提出的准则,并根据国内外学者对刘易斯转折点的判断标准,包括劳动边际生产率标准(高铁梅、范晓非,2011;吴海民,2012)、农业剩余劳动力数量标准(蔡昉,2007;樊纲,2007)、工资标准(吴要武,2007;袁志刚,2010)、结构标准(黎煦,2007;李德伟,2008;金三林,2012)等。本书针对刘易斯转折点的判断标准主要分为

---

① 在南亮进(2008)书中使用的是"非资本主义部门"和"资本主义部门",这里为了与我国现实更为接近,使用与其相近的"农业部门"和"工业部门"作为代替。参见[日]南亮进:《经济发展的转折点:日本经验》,关权译,社会科学文献出版社2008年版,第19—20页。

② 参见卿涛、杨仕元、岳龙华:《"Minami准则"下的刘易斯转折点研究》,《中国人口科学》2011年第2期。

指标判断标准和辅助判断标准两大方面：

第一，直接判断标准，即根据农业边际生产力变化进行判断。农业劳动的边际产出决定着农业剩余劳动力的数量、农业总产出、收入分配状况等，其发展变化对刘易斯转折点的变化趋势和程度会产生直接影响，因此其作为衡量指标是直接标准。农业边际生产力大于等于零则跨越刘易斯第一转折点，大于农业部门的生存工资则跨越了刘易斯第二转折点。南亮进根据日本、白暮凯根据韩国的资料分析发现，在两国二元经济转型过程中，都出现了农业劳动边际生产率大于农业生存工资水平的持续变化现象（吴海民，2012）。

第二，辅助判断标准。一是根据非熟练工人实际工资变动情况。根据Minami 准则三——农业部门实际工资的动向（Minami,1973）作为判断间接标准。若农业部门或非熟练劳动力的实际工资开始上升，说明该国已跨越了刘易斯第一转折点；如果农业部门或非熟练劳动力的实际工资快速上升，说明已跨越刘易斯第二转折点，因而农业部门实际工资的变化成为问题的焦点。二是根据收入分配的变化进行判断，即普通劳动者工资显著持续上升及刘易斯转折点和库兹涅茨转折点的契合。从刘易斯—费景汉—拉尼斯模型可以看出，在二元经济发展的早期，现代工业部门只需支付一个略高于农业制度工资的工资水平就会吸引农业大量剩余劳动力的转移，因此，现代部门的劳动力价格要高于传统部门劳动力的价格，所以劳动者收入分配中的不平等也会上升。但是，上述情况会随着跨越刘易斯第一转折点而改变。随着现代工业部门工人工资的上升，在国民收入中所占的份额增加，社会的收入分配差距也会缩小。由此可见，刘易斯第一转折点与库兹涅茨的最大不平等点之间应该在同一时间段出现。而在这一过程中也会出现工业部门工资快速上涨的特征。三是根据一些结构性指标变化进行判断，如就业结构、城市化率等指标。跨越刘易斯转折点的最基本和最重要的方式是通过传统农业部门劳动力向城市现代工业部门转移实现的，因此，刘易斯转折点的衡量必然对应着农业就业结构和城市化率的相应标准。以上两个方面都是"刘易斯转折点"带来的外在变化，也会受到其他因素的影响，因此属于辅助衡量标准。

二、中国刘易斯第一转折点的判断

（一）基于农业边际劳动生产率变动的判断

1. 模型构建

根据拉尼斯、费景汉（2004）、高铁梅等（2011）、卿涛等（2011）的研究，构建农业总产出曲线模型。影响农业总产出的因素除了劳动力、土地外，财政支农支出也是重要投入要素。近年来，部分外出农民工回流，重新回到土地劳作，越来越多的农民逐渐采用先进的科技手段、机械化等措施进行农业生产，提高了劳动生产率，农业总产出逐年得到提升。因此，本书将农业从业人数、农业播种面积、国家财政用于农业支出作为自变量，以农业总产值作为因变量，构建农业总产出曲线模型，具体参见公式（3-1）。

$$Y_t = a_0 + a_1 L_t + a_2 L_t^2 + a_3 S_t + a_4 F_t + \varepsilon_t \qquad (3-1)$$

其中，Y_t、L_t、S_t、F_t 分别代表农业实际总产值、农业就业人数、农业播种面积、国家财政用于农业支出实际值，ε_t 为随机误差项。

2. 数据来源及数据处理

本模型采用时间序列数据进行分析，其中"国家财政用于农业支出"数据来自《中国农村统计年鉴》，其他数据均来自国家统计局公开数据库。农业总产值经1978年农业总产值平减指数剔除价格因素影响，得到农业实际总产值。农业总产值平减指数（1978＝100）由农业总产值（现价）除以农业总产值（不变价）（1978＝100）计算得来。国家财政用于农业支出实际值是国家财政用于农业支出经农业总产值平减指数（1978年＝100）平减得到。经过整理，各变量基本统计特征如表3-1所示。

表 3-1　中国各变量的基本统计特征

变量	平均值	最小值	最大值	标准差
Y_t（亿元）	3458.83	2082.96	5361.17	1004.75
L_t（万人）	34021.48	25773.00	39098.00	3935.07
S_t（千公顷）	154183.00	147740.70	163415.70	4376.63
F_t（亿元）	488.72	124.10	1414.82	412.57

资料来源：根据原始数据整理得到。

3. 模型估计及结果

根据上述数据，通过计量软件得出农业总产出估计曲线。经反复试验，通过差分变换消除模型自相关，最后得到农业总产出曲线的估计结果，参见公式（3-2）。

$$Y_t = -30855.94 + 1.545406 \times L_t - (2.24E-05) \times L_t^2 + 0.042991 \times$$
$$(-7.28) \quad\quad (6.62) \quad\quad\quad (-6.74) \quad\quad\quad\quad (3.63)$$

$$S_t + 2.823258 \times F_t$$

$$(9.10)$$

$$\bar{R}^2 = 0.9873 \quad D.W. = 2.24 \quad F = 261.1347 \quad\quad\quad (3-2)$$

从模型的拟合结果看，该模型的拟合优度较高，方程总体通过显著性检验，各关键性变量在 5% 的显著性水平下显著不为零。其中，农业播种面积（S_t）、国家财政用于农业支出实际值（F_t）的系数为正值，农业劳动边际产出 $\partial Y_t / \partial L_t = a_1 + 2 \times a_2 \times L_t$ 可通过模型计算得到，如表 3-2 所示。

表 3-2　1990—2020 年中国农业劳动边际产出的变动情况（单位：万元）

年份	农业劳动边际产出	年份	农业劳动边际产出
1990	-0.1979	2006	0.1145
1991	-0.2062	2007	0.1687
1992	-0.1883	2008	0.2048

年份	农业劳动边际产出	年份	农业劳动边际产出
1993	-0.1427	2009	0.2511
1994	-0.0955	2010	0.2941
1995	-0.0463	2011	0.3540
1996	-0.0145	2012	0.3908
1997	-0.0154	2013	0.4775
1998	-0.0305	2014	0.5431
1999	-0.0570	2015	0.5859
2000	-0.0693	2016	0.6087
2001	-0.0852	2017	0.6362
2002	-0.0961	2018	0.6711
2003	-0.0766	2019	0.7098
2004	-0.0150	2020	0.7518
2005	0.0472		

资料来源:根据模型拟合结果计算得出。

从表3-2可以看出,我国农业劳动边际产出在2005年之前基本都为负值或接近零值,在2005年转为正值,且增长速度较快。这说明在2005年之后,我国迎来刘易斯第一转折点。

(二) 基于非熟练工人的实际工资变动趋势的判断

这里用农民工实际工资水平代表非熟练工人的实际工资。参考卢锋(2012)对农民工工资定量估测结果和历年全国农民工监测调查报告数据得到1979—2022年农民工名义工资水平,经居民消费价格指数(1978=100)平减消除价格因素影响,得到农民工实际工资水平,如图3-1所示。从趋势图可以看出,进入21世纪,农民工的实际工资增长速度较快,2005年超过200元,达到207.07元,尤其是2005年之后,农民工实际工资水平大幅上涨,从2005年的207.07元上涨到2010年315.24元,2013年超过400元,2016年超过 500 元,2022 年达到 653.13 元。从图 3-1 可以看出,2005 年之后农民工实际工资年均增长率远远高于之前时段。

（单位：元）

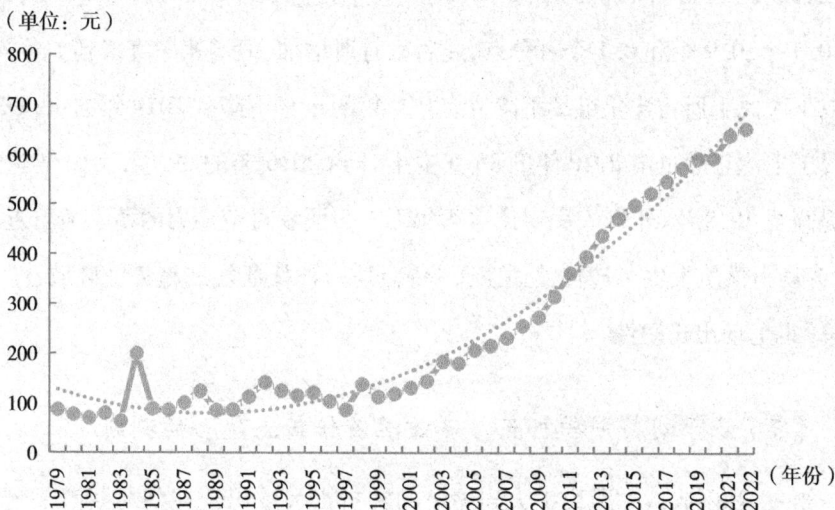

图 3-1 1979—2022 年我国农民工实际工资水平的变动

注：图中虚线为农民工实际工资的二次拟合趋势线。

资料来源：1979—2007 年数据来自卢锋：《中国农民工工资走势：1979—2010》,《中国社会科学》2012 年第 7 期。其余数据来自历年《全国农民工监测调查报告》。

根据此前国家统计局负责人 2004 年的调查研究,珠江三角洲地区农民工收入在此前 20 年没有实质性增长,仅为 600 元左右,而背后竟是经济的高速增长。① 2004 年前后我国开始出现"民工荒",最初仅是东南沿海地区的制造业部门,随后蔓延至其他产业,并且在一些中部省份如湖南、河南等也出现了用工紧张的现象。据此判断,2004 年是一个重要的标志性时段。尤其是 2008 年之后,农民工在数量上增速持续回落,2011—2015 年农民工总量增速分别比上年回落 1.0 个、0.5 个、1.5 个、0.5 个和 0.6 个百分点,2017 年有所回升,比 2016 年上升 0.2 个百分点,但增速下降的趋势并未改变,2018 年、2019 年

① 资料来源：《工资 20 年几乎不变,李德水解读民工荒经济原因》,《北京晨报》2005 年 1 月 27 日。

农民工总量增速仅为 0.6%、0.8%,2020 年受到新冠疫情的影响,增长率为负,为-1.8%。外出农民工人数增速也是呈现持续下降态势,2011 年、2012 年、2013 年、2014 年、2015 年和 2016 年分别比上年回落 2.1 个、0.4 个、1.3 个、0.4 个、0.9 个和 0.1 个百分点,此后虽有所增加,但增速一直未到 1%。40 岁以下农民工所占比重继续下降,由 2010 年的 66%下降到 2019 年的 48.6%;农民工平均年龄也由 2010 年的 35.5 岁上升到 2016 年的 39 岁,2019 年进一步提高至 40.8 岁,年轻农民工比重逐年下降表明农村劳动力的蓄水池已近干涸,劳动力供给发生了逆转,"民工荒"将会是一种长期发展趋势。区域性"民工荒"也呈现出长期性。

(三) 基于刘易斯转折点与库兹涅茨转折点契合的判断

第一,我国收入差距由扩大到缩小的转折点大致出现在刘易斯第一转折点前后。改革开放以来,我国收入分配经历了由扩大到缩小的过程。从表 3-3 可以看到,20 世纪 80 年代中期我国城乡居民收入比为 1.8387(1983 年、1984 年、1985 年的平均值);此后差距有所扩大,2007 年城乡居民收入比达到 3.1437,自此之后出现下降趋势,2016 年下降到 2.7191,2020 年再次降低到 2.5588。

表 3-3　1978—2022 年中国城乡居民收入比变动情况

年份	城乡居民收入比	年份	城乡居民收入比	年份	城乡居民收入比
1978	2.5597	1993	2.7950	2008	3.1104
1979	2.5313	1994	2.8632	2009	3.1097
1980	2.5026	1995	2.7142	2010	2.9941
1981	2.2422	1996	2.5125	2011	2.8979
1982	1.9815	1997	2.4689	2012	2.8760
1983	1.8226	1998	2.5093	2013	2.8067
1984	1.8366	1999	2.6489	2014	2.7499

续表

年份	城乡居民收入比	年份	城乡居民收入比	年份	城乡居民收入比
1985	1.8568	2000	2.7415	2015	2.7311
1986	2.1250	2001	2.8351	2016	2.7191
1987	2.1641	2002	3.0257	2017	2.7096
1988	2.1651	2003	3.1249	2018	2.6853
1989	2.2824	2004	3.0839	2019	2.6440
1990	2.2012	2005	3.0807	2020	2.5588
1991	2.3992	2006	3.1144	2021	2.5045
1992	2.5855	2007	3.1437	2022	2.4479

注:2013年之前,数据来自城镇住户抽样调查和农村住户抽样调查;2013年之后,数据来自城乡一体化住户收支与生活状况调查。

资料来源:根据国家统计局官方数据库有关数据整理而得。

从表3-4中可以看到,我国全国总体基尼系数从1985年开始波动性上升,到2008年达到最高值0.4391。此后全国总体基尼系数开始下降,到2012年下降到0.4126。21世纪之后国家统计局发布全国总体基尼系数,由于与本书具体计算方法不一致,所以二者年度基尼系数的具体数值没有可比性,但从基尼系数变化趋势上看,二者的变动趋势是一致的。根据《中国住户调查年鉴》显示,整理我国基尼系数的变动情况,参见表3-4,我国总体基尼系数在2008年达到最高值0.491,此后逐步回落,2014年为0.469,2019年又回落至0.465,基尼系数在波动中呈现下降趋势。

表3-4 1980—2022年全国基尼系数的变动情况

年份	全国基尼系数	年份	全国基尼系数	年份	全国基尼系数
1980	0.3151	1995	0.3947	2010	0.4381(0.481)
1981	0.2976	1996	0.3746	2011	0.4211(0.477)
1982	0.275	1997	0.3737	2012	0.4126(0.474)
1983	0.2592	1998	0.3827	2013	(0.473)
1984	0.2639	1999	0.3886	2014	(0.469)

年份	全国基尼系数	年份	全国基尼系数	年份	全国基尼系数
1985	0.2593	2000	0.3951(0.412)	2015	(0.462)
1986	0.3216	2001	0.405	2016	(0.465)
1987	0.3258	2002	0.4253	2017	(0.467)
1988	0.3252	2003	0.4361(0.479)	2018	(0.468)
1989	0.3386	2004	0.4343(0.473)	2019	(0.465)
1990	0.332	2005	0.4341(0.485)	2020	(0.468)
1991	0.3498	2006	0.4381(0.487)	2021	(0.466)
1992	0.3693	2007	0.4385(0.484)	2022	(0.474)
1993	0.3943	2008	0.4391(0.491)	——	——
1994	0.4035	2009	0.438(0.490)	——	——

资料来源:1980—2010 年数据来自田卫民:《中国基尼系数计算及其变动趋势分析》,《人文杂志》2012 年第 2 期;2011 年、2012 年数据按照田卫民(2012)的计算方法,根据 2013 年《中国统计年鉴》有关数据计算。由于表格中使用的部分数据来源及调查方法在 2013 年之前(分别开展的城镇住户调查和农村住户调查)与之后(城乡一体化住户收支与生活状况抽样调查)有所区别,统计数据的范围和方法也发生改变,基于数据的连续性和分析问题的历史性的考虑,未采用 2013—2016 年的相关数据进行计算。括号内的基尼系数数据根据历年《中国住户调查年鉴》查询得到。

第二,中国二元经济转型中收入分配演变存在倒"U"形趋势。如果以第一产业就业比重为解释变量,以基尼系数为被解释变量,对二者进行二次曲线拟合,若能证明二者存在二次函数关系,就说明中国二元经济转型中收入分配演变存在倒"U"形趋势。循着这一思路,本书使用第一产业就业比重数据对全国基尼系数进行二次曲线拟合。数据来源情况如下:第一产业就业比重数据参见表 3-5,全国基尼系数数据根据表 3-4 而得。构建模型,具体参见公式(3-3)。

$$Q_t = \beta_0 + \beta_1 L_t + \beta_2 L_t^2 + \mu_t \tag{3-3}$$

其中,Q_t 表示全国基尼系数,L_t 表示农业就业比重,μ_t 是随机误差项,经过反复试验,进行二次差分变换消除模型自相关,得到模型的估计结果为公式(3-4)。

$$Q_t = 0.0510 + 1.9116 L_t - 2.4021 L_t^2$$

$$(2.71) \qquad (-3.39)$$

$$\bar{R}^2 = 0.9432 \quad D.W. = 2.18 \quad F = 125.6 \tag{3-4}$$

从模型的回归结果看,该模型的拟合优度较高,方程总体通过显著性检验, L_t^2 和 L_t 在5%的显著性水平下显著不为零,因此,全国基尼系数与农业就业比重存在二次曲线的关系,前者随着农业就业比重的下降先缓慢上升,而后又逐渐下降。令 $dQ_t / dL_t = 0$ 时,可知在 $L_t = 0.3979$ 时, Q_t 达到最大值0.4313,全国基尼系数呈现出倒"U"形演变的趋势,如图3-2所示。

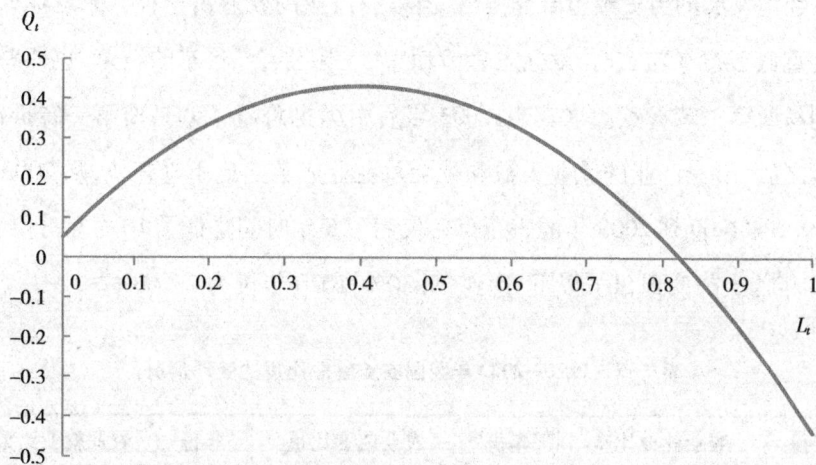

图 3-2　全国基尼系数倒"U"形曲线

资料来源:根据第三章模型估计结果整理得出。

通过对中国二元经济转型收入演变的经验实证分析,不难看出,第一产业就业比重与全国基尼系数存在二次曲线关系,虽然中国二元经济转型中收入分配差距表现出较大的波动,但总体来看是随着农业就业比重的下降呈现出由扩大到缩小的倒"U"形演变趋势。从图3-2中和表3-4可以看到,全国总体基尼系数也从1985年开始波动性上升,到2008年达到最高值0.4391,此后开始下降,到2012年下降到0.4126。综上判断,我国收入差距由扩大到缩小的转折点大致在 2008 年,与之前得出刘易斯第一转折点在 2006 年较为契合。

(四)基于结构性指标变动的判断

第一,第一产业就业比重持续下降。

从表 3-5 可见,1978 年农业劳动力占比还高达 70% 以上。改革开放之后,农业劳动力转移开始大规模启动。1987 年第一产业就业比重降低到 60%以下,1997 年降到了 50% 以下,但并不稳定。不过从 2003 年下降到 50% 以下之后第一产业就业结构呈现持续稳定快速下降的趋势。陈建军(2004)从对日本经济发展的历史经验研究得出,当第一产业的就业占全社会总就业人数的比重低于 50% 左右时,就标志着劳动力"无限供给"状态的结束,也即跨越了刘易斯第一转折点。这表明,2003 年后中国也跨越了刘易斯第一转折点。在这之后,第一产业的就业人数和社会总就业人数之比下降很快,从 2003 年的 49.10% 降低到 2008 年的 39.60%,仅用了 5 年时间降低了 10 个百分点,到2014 年首次降低到 30% 以下,达到 29.30%,2020 年仅为 23.60%。

表 3-5　1952—2022 年我国农业就业比重的变动情况　　(单位:%)

年份	农业就业比重	年份	农业就业比重	年份	农业就业比重
1952	83.54	1976	75.82	2000	50.00
1953	83.07	1977	74.51	2001	50.00
1954	83.14	1978	70.53	2002	50.00
1955	83.27	1979	69.80	2003	49.10
1956	80.56	1980	68.75	2004	46.90
1957	81.23	1981	68.10	2005	44.80
1958	58.23	1982	68.13	2006	42.60
1959	62.17	1983	67.08	2007	40.80
1960	65.75	1984	64.05	2008	39.60
1961	77.17	1985	62.42	2009	38.10
1962	82.12	1986	60.95	2010	36.70

续表

年份	农业就业比重	年份	农业就业比重	年份	农业就业比重
1963	82.45	1987	59.99	2011	34.74
1964	82.21	1988	59.35	2012	33.49
1965	81.60	1989	60.05	2013	31.24
1966	81.52	1990	60.10	2014	29.30
1967	81.67	1991	59.70	2015	28.06
1968	81.66	1992	58.50	2016	27.42
1969	81.62	1993	56.40	2017	26.68
1970	80.77	1994	54.30	2018	25.75
1971	79.72	1995	52.20	2019	24.72
1972	78.88	1996	50.50	2020	23.60
1973	78.73	1997	49.90	2021	22.86
1974	78.19	1998	49.80	2022	24.08
1975	77.17	1999	50.10	——	——

资料来源:笔者根据国家统计局官方数据库整理。

第二,城镇化水平增长较快。

从表3-6可见,1978年中国常住人口城镇化率仅为17.92%,1996年城镇化率超过30%,2003年超过40%,2011年城镇化率超过50%,2017年城镇化率超过60%,2022年达到65.22%。

表3-6　1949—2022年我国常住人口城镇化率的变动情况　（单位:%）

年份	城镇化率	年份	城镇化率	年份	城镇化率
1949	10.64	1974	17.16	1999	34.78
1950	11.18	1975	17.34	2000	36.22
1951	11.78	1976	17.44	2001	37.66
1952	12.46	1977	17.55	2002	39.09
1953	13.31	1978	17.92	2003	40.53
1954	13.69	1979	18.96	2004	41.76
1955	13.48	1980	19.39	2005	42.99

续表

年份	城镇化率	年份	城镇化率	年份	城镇化率
1956	14.62	1981	20.16	2006	44.34
1957	15.39	1982	21.13	2007	45.89
1958	16.25	1983	21.62	2008	46.99
1959	18.41	1984	23.01	2009	48.34
1960	19.75	1985	23.71	2010	49.95
1961	19.29	1986	24.52	2011	51.83
1962	17.32	1987	25.32	2012	53.10
1963	16.84	1988	25.81	2013	54.49
1964	18.37	1989	26.21	2014	55.75
1965	17.98	1990	26.41	2015	57.33
1966	17.86	1991	26.94	2016	58.84
1967	17.74	1992	27.46	2017	60.24
1968	17.62	1993	27.99	2018	61.50
1969	17.50	1994	28.51	2019	62.71
1970	17.38	1995	29.04	2020	63.89
1971	17.26	1996	30.48	2021	64.72
1972	17.13	1997	31.91	2022	65.22
1973	17.20	1998	33.35		

资料来源:笔者根据国家统计局官方数据库整理。

三、中国刘易斯第二转折点的预测

(一) 基于农业边际劳动生产率与最低工资水平的比较

根据前面的理论分析得知,刘易斯第二转折点到来的标志是农业部门的劳动边际生产率大于不变制度工资,传统农业部门与现代工业部门的工资水平均由市场决定。鉴于传统农业部门的不变制度工资估算难度较大,采用最低工资水平来代表不变制度工资。经过整理,全国各省月最低工资标准调整情况参见表3-7。

表 3-7 不同实施时间全国各省（自治区、直辖市）月最低工资标准调整情况

省份	月最低工资标准	实施时间	月最低工资标准	实施时间	月最低工资标准	实施时间	月最低工资标准	实施时间	月最低工资标准	实施时间
上海	2590	2021.7.1	2420	2018.4.1	2020	2015.4.1	1280	2011.04.01	690	2005.7.1
广东	2300	2021.12.1	2100	2018.7.1	1895	2015.5.1	1300	2011.03.01	684	2004.12.1
浙江	2280	2021.8.1	2010	2017.12.1	1860	2015.11.1	1310	2011.04.01	670	2005.12.1
天津	2180	2021.7.1	2050	2017.7.1	1850	2015.4.1	1160	2011.04.01	590	2005.7.1
江苏	2280	2021.8.1	1890	2017.7.1	1770	2016.1.1	1140	2011.02.01	690	2005.11.1
北京	2320	2021.8.1	2000	2017.9.1	1720	2015.4.1	1160	2011.01.01	580	2005.7.1
新疆	1900	2021.4.1	1820	2018.1.1	1670	2015.7.1	1160	2011.06.01	480	2004.5.1
内蒙古	1980	2021.12.1	1760	2017.8.1	1640	2015.7.1	1050	2011.11.01	420	2004.7.1
山西	1880	2021.10.1	1700	2017.10.1	1620	2015.5.1	980	2011.04.01	520	2004.7.1
山东	2100	2021.10.1	1910	2018.6.1	1600	2015.3.1	1100	2011.03.01	530	2005.1.1
河南	2000	2022.1.1	1900	2018.10.1	1600	2015.1.1	1080	2011.10.01	480	2005.10.1
贵州	1790	2019.12.1	1680	2017.7.1	1600	2015.10.1	930	2011.09.01	400	2004.10.1
云南	1670	2018.5.1	1670	2018.5.1	1570	2015.9.1	950	2011.09.01	470	2004.10.1
湖北	2010	2021.9.1	1750	2017.11.1	1550	2015.9.1	1100	2011.12.01	460	2005.3.1
江西	1850	2021.4.1	1680	2018.1.1	1530	2015.10.1	720	2010.07.01	360	2004.9.1
辽宁	1910	2021.11.1	1620	2018.1.1	1530	2016.1.1	1100	2011.07.01	450	2004.11.11
安徽	1650	2021.12.3	1550	2018.11.1	1520	2015.11.1	1010	2011.07.01	410	2004.10.1
四川	1780	2018.7.1	1500	2015.7.1	1500	2015.7.1	850	2010.08.01	450	2004.8.30
福建	2030	2022.4.1	1700	2017.7.1	1500	2015.7.1	1100	2011.03.01	470	2005.7.1
重庆	1800	2019.1.1	1500	2016.1.1	1500	2016.1.1	870	2011.01.01	400	2004.5.1
河北	1900	2019.11.1	1650	2016.7.1	1480	2014.12.1	1100	2011.07.01	520	2004.7.1
陕西	1950	2021.5.1	1680	2017.5.1	1480	2015.5.1	860	2011.01.01	490	2005.7.1
吉林	1880	2021.12.1	1780	2017.10.1	1480	2015.12.1	1000	2011.05.01	360	2003.9.1
黑龙江	1860	2021.4.1	1680	2017.10.1	1480	2015.10.1	880	2010.07.01	390	2004.2.3
宁夏	1950	2021.9.1	1660	2017.10.1	1480	2015.11.1	900	2011.04.01	380	2004.2.1
甘肃	1820	2021.9.1	1620	2017.2.1	1470	2015.4.1	760	2010.10.01	340	2004.1.1
西藏	1850	2021.7.1	1650	2018.1.1	1400	2015.1.1	950	2010.08.01	495	2004.11.1
广西	1810	2020.3.1	1680	2018.2.1	1400	2015.1.1	820	2010.09.01	460	2004.10.25
湖南	1700	2019.10.1	1580	2017.7.1	1390	2015.1.1	1020	2011.07.01	480	2005.7.1

续表

省份	月最低工资标准	实施时间	月最低工资标准	实施时间	月最低工资标准	实施时间	月最低工资标准	实施时间	月最低工资标准	实施时间
青海	1700	2020.1.1	1500	2017.5.1	1270	2014.5.1	920	2011.12.01	370	2004.10.1
海南	1830	2021.12.1	1430	2016.5.1	1270	2015.1.1	830	2010.07.01	500	2004.7.1

资料来源:中华人民共和国人力资源和社会保障部、各省人力资源和社会保障厅以及各级省政府官方网站。

由前面计量分析得出的数据可知,2020年农业劳动的边际产出为7517.74元,远低于全国平均最低工资水平23438.71元,因此可以初步判断刘易斯第二转折点并未到来。2005—2020年我国农业劳动边际产出年均增长率为20.27%,2004—2021年全国最低工资年均增长率8.56%,依据此增长率,到2031年我国农业劳动边际产出将会首次出现高于全国最低工资的水平,这就意味着我国将在2031年迎来刘易斯第二转折点。

(二) 基于城市化率和第一产业就业结构的比较

李德伟(2008)指出,"刘易斯第二转折点"到来时,我国城市化的发展进程基本完成。这里的城市化基本完成是指快速城市化阶段的完成。一般来说,一个国家或地区城市化率达到70%,表明其快速城市化阶段基本完成。如果我国城市化率保持在2011—2020年年均增长2.48%的速度不变,那么将会在2024年超过70%。金三林(2012)基于日本、韩国等一些国家的经验进行分析,跨越刘易斯转折第二转折点时第一产业就业结构要低于20%。如果我国第一产业就业结构保持在2011—2020年年均增长-4.21%的水平不变,那么将在2024年下降到20%以下。按照此方法,城市化率和第一产业就业结构比重的预测可能会快一些,原因在于城市化率越高,其增长会渐趋缓慢,乡村振兴战略的实施吸引农业劳动力可能出现回流,农业就业比重下降速度趋缓。根据《中国农村发展报告(2020)》的预测,到2025年,中国城镇化率将达到 65.5%,农业就业人员比重将下降到 20% 左右。[①] 由此可以推断,刘易斯第二转折点将会在 2025 年之后出现。但必须看到的是,我国户籍人口城镇化率水平还远远低于常住人口城镇化率水平,从图 3-3 可以明显得出这一结论。按照目前的户籍城镇化率的增长速度,2012—2020 年年均增长 3.14%,那么将会在 2035 年超过 70%。随着以人为核心的新型城镇化不断推进,农民工市民化程度日益提高,户籍制度改革进一步深化,试行以经常居住地登记户口制度,支持建立以身份证为标识的人口管理服务制度,我国在未来发展中户籍人口城镇化率与常住人口城镇化率将会不断缩小。而根据《中国农村发展报告(2021)》的预测,2035 年中国常住人口城镇化率为 72% 左右;[②]顾朝林等(2017)[③]根据系统动力学模型预测我国城镇化水平到 2035 年将达到 70% 以上,城镇化过程进入低增长阶段;乔文怡等(2018)[④]预测在 2035 年中国城镇化率将达到 71%-73%。有理由推断,"刘易斯第二转折点"将会在 2035 年之前到来。再加上我国是一个举世罕见的发展中大国,处在经济体制转型进程中,区域发展存在差距,城乡二元经济转型也具有区域性不协调的特点。如果从中国整个国家角度进行预测的话,按照前面的预测区间,"刘易斯第二转折点"将会提前五年左右的水平,将会在 2030 年前后到来。

由此,根据既有原始数据的增长率预测、学术文献梳理、国际对比以及经验判断等多种定性与定量相结合的预测方法,综上判断"刘易斯第二转折点"将会在 2030 年前后到来。

综上分析,由于设定的标准和方法不同,刘易斯转折点到来的时间点是不

[①] 魏后凯、杜志雄:《中国农村发展报告(2020):聚焦"十四五"时期中国的农村发展》,中国社会科学出版社 2020 年版,第 3—4 页。
[②] 魏后凯、杜志雄:《中国农村发展报告(2021):面向 2035 年的农业农村现代化》,中国社会科学出版社 2021 年版,第 38 页。
[③] 顾朝林、管卫华、刘合林:《中国城镇化 2050:SD 模型与过程模拟》,《中国科学:地球科学》2017 年第 7 期。
[④] 乔文怡、李玏、管卫华、王馨、王晓歌:《2016—2050 年中国城镇化水平预测》,《经济地理》2018 年第 2 期。

（单位：%）

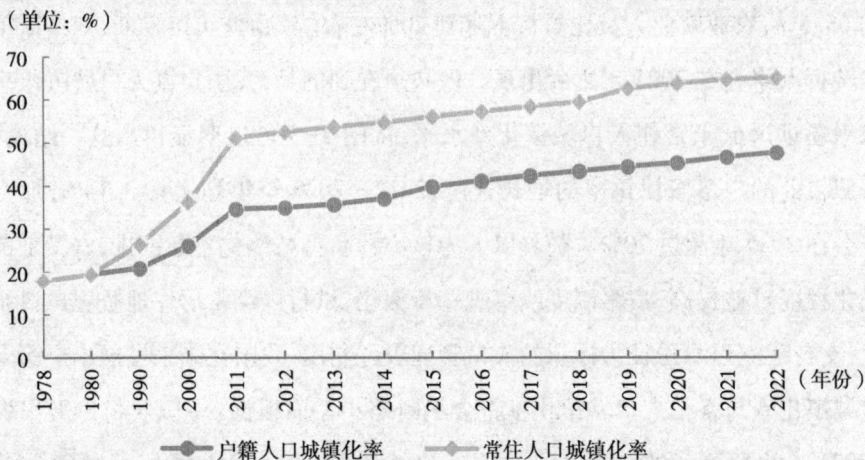

图 3-3　1978—2022 年中国户籍人口城镇化率与常住人口城镇化率对比示意
资料来源:根据中国产业信息网和国家统计局相关数据整理得出。

同的。本书得出的结论是:我国刘易斯第一转折点出现在 2005 年左右,预测刘易斯第二转折点应该是在 2030 年左右出现。当然,对刘易斯第二转折点的预测结果并非固定不变,其会随着相关变量的变化而发生变化,尤其是新冠疫情的到来,全球产业链、价值链重构,我国产业结构升级不断加速,劳动力结构性失业矛盾突出,经济转型与经济发展所面临的各种不确定因素叠加,"刘易斯第二转折点"可能会提前或推后①。但不可否认的是,我国目前正处于刘易斯转折阶段,更加准确地讲,处于刘易斯转折阶段中后期。

第二节　中国二元经济转型的历史考察

中国作为一个举世罕见的发展中大国,处在经济体制转型过程中进行城乡二元经济结构的转型发展。本部分以 1978 年改革开放、1985 年城乡居民

① 按世界银行标准,我国 2025 年进入高收入行列(人均 12535 美元),2035 成为中等发达国家(人均 23000 美元)的目标就可以实现。参见蔡昉:《新发展阶段供给侧与需求侧都需要改革》,《产城》2021 年第 5 期。

收入差距开始扩大和2004年刘易斯第一转折点为分界点,从四大阶段梳理新中国成立七十余年来二元经济转型发展历程。

一、二元经济结构形成阶段(1949—1977年)

新中国成立初期,中国还是落后的农业大国,工业尤其是现代工业比重很小,城乡关系处于自然发展状态,连基本的二元结构都谈不上。

为了改变落后的经济状况,国家开始进行经济建设,决定首先发展重工业,努力追赶发达国家的工业化进程。为此,我国为实现各种赶超目标和重工业优先发展战略的需要,以牺牲农业为工业提供原始积累,人力、土地等资源优先供给工业,并从农业部门吸取资金以满足工业发展。"一五"时期,党的指导思想是推进国家工业化,优先发展重工业。到1956年宣布完成国家工业化任务时,已经建立起了独立的工业体系,现代工业和落后农业并存的二元结构就此形成。但是,由于农业部门资源不断流出,致使本就基础薄弱的农业发展更加困难,农业在很长一段时间内都处于较低的发展水平,这也使农业部门的剩余劳动人口不断增加。这一阶段,统购统销制度、户籍制度和人民公社制度"三驾马车"的执行及相关政策的强化,形塑了具有中国特色的城乡二元经济体制。

这一阶段,人口城乡分布变动很小,城镇化进程缓慢。受经济社会发展环境以及人民公社、户籍和票证三大制度的制约,人口流动受到限制。从农业劳动力占比与城镇化率两大指标进行考察,新中国成立之初农业劳动力占比高达83%,到1977年仍为75%,30年下降不足10个百分点。城镇化进程缓慢,1949年年末我国常住人口城镇化率只有10.64%,1969年达到17.50%,到1977年仅提高了0.05个百分点,达到17.55%,改革开放前城镇化率平均每年提高不到0.3个百分点。全国城市数量1949年仅有132个,到1978年发展到193个。[①] 从农

---

① 国家统计局:《城镇化水平不断提升 城市发展阔步前进——新中国成立70周年经济社会发展成就系列报告之十七》,2019年8月15日,见 http://www.stats.gov.cn/tjsj/zxfb/201908/t20190815_1691416.html,2021年11月14日。

业、非农产业产值分析,1952—1977 年,农业产值比重从 50.5% 降至 29%,同期内工业产值比重从 20.8% 增至 46.7%,第三产业比重从 28.7% 降至 24.3%。①

二、二元经济体制突破与二元经济结构减弱阶段(1978—1985 年)

1978 年年底召开党的十一届三中全会掀开了中国改革的大幕。改革先从农村地区开始,在全国范围内实行的家庭联产承包责任制实现了农村土地的自主经营,农村土地制度改革的实质是把农户家庭利益与其努力程度密切挂钩,其作用非常明显,农业生产连年大幅度增长,农业总产值年均增长率由改革开放前(1970—1978 年)的 3.24% 增长至改革开放初期(1979—1984 年)的 12.42%,1979—1984 年粮食、棉花、油料、肉类四种主要农产品产量分别增长 33.6%、188.8%、128.2%、79.9%,年均分别增长 4.95%、19.33%、14.75%、10.28%。② 可以说,土地改革缓解了粮食供应匮乏的情况,基本上解决了几亿人的吃饭问题。

家庭联产承包责任制的实施,导致农业高速增长和粮食连年增产,释放了大量的劳动力。1984 年首次提出"允许务工、经商、办服务业的农民自理口粮到集镇落户"。1985 年国家取消了统购统销制度,将市场需求加入农产品销售价格的决定因素中,鼓励农民开展多种经营,越来越多的农副产品进入市场中,而日益增长的农副产品不可能在农村内部消化,多余的农副产品向城市供应成为必然趋势。开始鼓励集体商业和个体商业经营。1983 年,中央提出要在农林牧副渔等各业建立商品生产基地,促进农村发展以满足工业和人民的需要,农村剩余劳动力进行农村产业间的转移,使农民在不离开居住地的条件

① 根据国家统计局官方数据库整理而得。
② 参见常修泽:《所有制改革与创新——中国所有制结构改革 40 年》,广东经济出版社 2018 年版,第 38 页。

下从事非农工作,逐步缩小工业和农业之间的差别。

农业生产经营体制的变革促进乡镇企业①异军突起,为农业剩余劳动力提供了就业机会,极大地促进了农民收入的增长和农业劳动生产率的提高,也推动了城乡劳动力市场一体化。自此之后,我国城乡不平等关系趋于缓和。同时,户籍制度管制放松,大批农业剩余劳动力不断向城镇非农产业转移,1978—1985年农业劳动力占比从70.53%降至62.42%,城镇化率从17.92%提升至23.71%。该时期虽然工农业产值增幅较大,尤其是家庭联产承包责任制、乡镇企业发展促进了农业产值的巨大提升,但农业产值占比并没有发生太大变动,比重一直维持在27%左右波动,工业产值有所降低,从47.7%降至42.7%。因此,随着改革开放初期农业农村改革的不断深入,这段时间城乡二元经济体制得到突破,二元经济结构强度有所减弱。

三、以城市体制改革为主体与二元经济结构局部强化阶段（1986—2004年）

始于1978年的经济体制改革从农村起步,1984年党的十二届三中全会强调将改革重心从农村转移至城市。1986—2002年以城市为主的经济体制改革推进了市场化进程,提高了国有企业竞争力,促进了民营经济发展,扩大了城市非农产业对农业剩余劳动力的需求,对促进二元经济转型起到了十分重要的作用。但是这阶段改革存在的最大问题是资源配置逐步向城市倾斜,忽略了农村,这主要表现在:财税体制改革强化了财政对城市发展的支持力度;金融体制改革使城乡二元资金配置的情况更加突出。1979—1985年我国城乡居民收入差距曾有所缩小,但从1986年起又开始扩大,到2007年到达峰值,农村居民与城市居民的收入比扩大至1∶3.14。②

① 1984年3月,中央批转了原农牧渔业部呈报的《关于开创社队企业新局面的报告》,文件把"社队企业"正式更名为"乡镇企业",其中包括个体私人办和联户办的企业。
② 根据《中国统计年鉴(2007)》有关数据计算得出。

从 20 世纪 90 年代中期开始,东南沿海兴起的劳动密集型制造业吸引大量的跨地区劳动力,"民工潮"出现,我国劳动力转移模式从 20 世纪 80 年代中期以乡镇企业为主的农村开始转变向城镇转移。据测算,1990—2004 年我国流动人口进入快速增长期,2000 年已经超过 1 亿人,占全国总人口的 9.5%①。农业劳动力占比也从 1978 年的 70.53%下降至 2004 年的 46.9%,下降了近 24 个百分点。与此同时,城镇化水平快速提升,1978—2004 年全国总人口增长了 0.35 倍,城镇人口却增长了 2.15 倍,城镇化率由 17.92%提高到 41.76%。2004 年前后,东南沿海地区出现"民工荒",逐渐蔓延到内地,劳动力成本开始上升,农业边际生产率为零的劳动力转移殆尽,劳动力不再无限供给,中国二元经济出现重要转折,迎来了刘易斯第一转折点。多年来,大部分从农村向城市转移的流动人口"进厂不进城、离土不离乡",在非农产业工作,却无法长期在城市生活,候鸟式迁徙是他们的生活常态。农村流转出的劳动力和城镇户籍人口两者之间形成了新二元结构。

四、深化二元经济体制改革与二元经济结构弱化阶段(2005 年至今)

步入刘易斯转折阶段以后,我国虽从总体上进入了工业化中后期,但农业劳动力比重仍高达 45%左右,农村人口占总人口的比重仍在 67%以上,城乡要素市场一体化进展缓慢,二元经济转型面临的挑战依然严峻。国家逐渐重视"三农"问题,改革的思路也进一步向以工促农、以城带乡的方向调整。党的十六大提出"统筹城乡经济社会协调发展",此后,党的十七大、十八大、十九大都对改革二元经济体制、推动城乡一体化,促进城乡融合发展作出了重要部署。城乡二元财政体制、金融体制以及城乡二元就业与社会保障制度全面展开,基本形成了强农惠农的政策体系。2006 年起,我国开始免征农业税,为

---

① 公安部:《截至 2020 年底我国户籍人口城镇化率达到 45.4%》,《中国青年报》2021 年 5 月 10 日。

农民减轻了税收负担,并从各个方面改善农村状况。例如,给予农民农业补贴,保障农民的生产积极性,使粮食的总产量提升;加强对灌溉与排水、农村道路等基础设施的建设;对农村弱势群体的救助制度加以完善,并扩大社会保障的范围等。与此同时,稳步推动农村土地"三权分置"改革;启动和深化农村金融体制改革,建立现代农村金融体制;促进劳动力在城乡间合理流动;推进乡村振兴战略,实施乡村建设行动……这些政策及相关制度安排正在逐渐破除城乡二元体制,推动着二元经济转型发展,深刻影响着我国人口转变和城镇化进程,尤其是农业转移人口。

以人为核心的城镇化有序推进。农业劳动力占比从 2005 年的 44.80% 下降到 2020 年的 23.60%;同期内城镇化水平提高较快,从 42.99% 增加到 63.89%。农民工总量从 2008 年的 22542 万人上升到 2012 年的 26261 万人,2020 年达到 28560 万人,基本相当于每 5 人中就有 1 个农民工,这些农业流动人口促进了劳动力资源的优化配置以及产业结构优化,为城市发展和工业化作出了突出贡献。近年来,随着惠农政策和区域均衡发展战略的实施,农业劳动力流动与迁移更加理性,农民工总体数量在增加,但增速明显下降。我国户籍制度改革仍滞后于城镇化发展,2021 年常住人口城镇化率为 64.72%,户籍人口城镇化率仅为 46.7%,相差 18.02 个百分点。

第三节　农业劳动力转移、二元经济
转型阶段与经济增长

二元经济转型的核心机制是农业剩余劳动力的非农化转移。我国作为劳动力过剩的二元经济国家,农业劳动力逐渐获得退出权、流动权和进入权,形成了"有利的人口年龄结构—劳动力转移—兑现人口红利—促进经济增长"的循环增长机制。劳动力从农业转移到非农产业,从乡村转移到城市,为中国经济增长与发展作出了突出贡献。但当劳动力转移进入刘易斯转折阶段,促进经济增长的能力式微,进入新常态,为供给侧结构性改革提供了条件。

一、二元经济转型初期、农业劳动力转移与经济增长率提升

新中国成立之后,受统购统销制度、户籍制度与人民公社制度"三驾马车"的制约,农业劳动力被牢牢地固定在农村、农业,二元结构形成并不断强化。随着改革开放以来不断深入推进的体制改革,劳动力生产要素得到释放,农业劳动力转移不仅提高了劳动力资源的配置效率,而且改变了人口空间分布,推动了城市化和工业化发展,这个过程与中国改革进程紧密相连,劳动力转移和重新配置的增长效应为中国经济增长与发展作出了突出贡献。

（一）农业劳动力转移有助于提高资源重新配置效率,实现库兹涅茨改进

在二元经济条件下,劳动力转移是推动经济发展的重要源泉。与20世纪70年代末的改革开放相伴随,中国的人口转变也进入这样一个阶段,人口结构表现出"生之者众、食之者寡"的特征,有利于促进较快的经济增长。1980—2010年,15—59岁劳动年龄人口以年均1.8%的速度增长。中国在改革开放时期的经济增长,恰好对应着劳动年龄人口迅速增长的人口转变阶段,具有劳动力无限供给的特征,也经历了一个完整的二元经济发展过程。

改革开放以来,我国农业劳动力持续向非农产业转移。20世纪80年代中期,中国农村大约有30%—40%的劳动力是剩余的。[1] 正是这种剩余劳动力转移的压力,推动了一系列体制性障碍的逐步拆除,使劳动力流动和重新配

---

[1] Taylor J. R., Rural Employment Trends and the Legacy of Surplus Labor, 1978–1989. In Kueh Y. Y., Ash R. F. (eds.), *Economic Trends in Chinese Agriculture: The Impact of Post-Mao Reforms*, New York: Oxford University Press, 1993.

置成为世人瞩目的现象。1983 年起,农民第一次突破了就业的地域限制。1988 年第一次突破了城乡之间的就业藩篱①,农业劳动力向非农产业、向城镇转移加快。农业劳动力占比从 1978 年的 70.53% 下降至 2004 年的 46.90%②,下降了 23.63 个百分点;农业劳动力转移的数量从 1599 万人增至 19099 万人③,增长了 10.94 倍。由于劳动力等要素从生产率低的农业转向生产率更高的非农产业,劳动生产率可以得到不断提高,产业结构的变化导致生产率不断提高,被称为库兹涅茨过程。正如可以从刘易斯理论所预期的,这种潜在的人口红利通过农业劳动力转移、流动和重新配置,形成了劳动力无限供给,并成为这一时期中国经济增长的重要源泉。

　　根据既有研究(蔡昉、王德文,1999④;世界银行,1997⑤)测算,改革开放前 20 年,我国农村劳动力流动对国内生产总值增长率的贡献份额在 16%—20%。许多研究对改革开放时期中国经济增长的源泉进行了分解,也得出了比较一致的结论。根据蔡昉(2017)研究,1979—2010 年支撑经济高速增长的主要因素主要有以下五大方面:第一,得益于低抚养比形成的高储蓄率和劳动力充足供给打破资本报酬递减规律,资本积累对这个时期 9.9% 的 GDP 平均增长率的贡献为 61.1%。第二,年轻劳动力的就业促进了劳动力素质的加快提升,人力资本对经济增长的贡献率为 5.6%。第三,劳动年龄人口较快增长、农业劳动力大规模转移,保证劳动力的充分供给,劳动力数量对经济增长的贡献率为 9.5%。第四,劳动力从农业转向非农产业,提高了资源重新配置效率,对经济增长贡献了 8.2%。第五,反映技术进步和改革效应的全要素生产率(或称残差)贡献了 15.7%。综合这些贡献因素可见,劳动力转移和重新

---

① 　蔡昉:《改革时期农业劳动力转移与重新配置》,《中国农村经济》2017 年第 10 期。
② 　此部分数据根据国家统计局官方数据库整理得出。
③ 　李周:《农民流动:70 年历史变迁与未来 30 年展望》,《中国农村观察》2019 年第 5 期。
④ 　蔡昉、王德文:《中国经济增长可持续性与劳动贡献》,《经济研究》1999 年第 10 期。
⑤ 　世界银行:《2020 年的中国:新世纪的发展挑战》,中国财政经济出版社 1997 年版。

配置是这一时期中国经济增长的重要源泉①。

（二）劳动力无限供给特征有助于延缓资本报酬递减

劳动力无限供给的最大贡献在于无限地投入资本，同时不会出现资本报酬递减趋势。改革开放以来，得益于 20 世纪 50 年代的生育高峰和计划生育政策的实施，我国劳动年龄人口增长迅速，人口抚养比下降，生产的剩余可用于投资，促进储蓄率的不断提高，保证了资本积累的来源。这一阶段中国大量的劳动力每年从农业转移出来，劳动力无限供给特征延缓了资本报酬递减现象的发生，从而使资本积累成为经济增长的主要引擎。② 世界银行研究发现，我国 1978—1995 年 GDP 增长中，物质资本积累的贡献率为 37%。

（三）劳动力非农化转移有助于提升劳动力对经济增长的贡献

农业劳动力向非农产业转移促使我国数量庞大的农业劳动力能够投入经济增长和发展建设中，不仅使劳动力人口在数量上得到大幅提高，而且在质量上促进整体人力资本积累的改善。我国在城镇化推进过程中，作为一个人口转变和经济社会发展进程都显现为超常规跨越的国家，我国新成长劳动力显著地改善了劳动力整体的人力资本存量。

与此同时，我国有利的人口因素促进了劳动力生产要素的量质齐保，这在一定程度上推动了经济社会发展的步伐。世界银行估计劳动力投入对经济增

---

① 剩余劳动力按照生产率从低到高的顺序，在产业、行业和地区之间流动，带来资源重新配置效率，成为全要素生产率的主要组成部分。例如，世界银行把全要素生产率进一步分解为资源重新配置效率和残差，前者即劳动力从生产率较低的部门（劳动力剩余的农业和冗员的国有企业）转向生产率更高的部门（非农产业和新创企业）所带来的生产率提高，对经济增长的贡献率为 16%，后者即未被解释的因素（激励改善和技术进步等因素）贡献率为 30%。蔡昉和王德文（1999）估计的劳动力从农业向非农产业转移，带来全要素生产率的提高，对经济增长的贡献率高达 21%。参见蔡昉：《中国经济改革效应分析——劳动力重新配置的视角》，《经济研究》2017 年第 7 期；蔡昉：《改革时期农业劳动力转移与重新配置》，《中国农村经济》2017 年第 10 期。
② 蔡昉：《中国经济改革效应分析——劳动力重新配置的视角》，《经济研究》2017 年第 7 期。

长的贡献率为17%,蔡昉和赵文的估计为8%,人力资本贡献率则为4%。有利的人口结构条件保障了新成长劳动力的不断进入。而从劳动力个体来讲,人力资本的途径包括教育、科研、卫生以及劳动力转移,而农业劳动力转移的过程也是劳动力进行人力资本投资的过程,有助于整个社会人力资本总量的扩大与提升。劳动力数量和人力资本的数量增加等投入因素,也倾向于主要配置在生产率更高和增长速度更快的非农产业中,更大力度提升劳动力数量和质量对经济增长的贡献。

综上所述,在二元经济发展阶段,无论从人口红利还是从资源重新配置角度,劳动力转移和重新配置是经济增长的源泉。1982—2009年我国全要素生产率的提高中,近一半的贡献来自农业劳动力转移带来的资源重新配置效率①。

二、刘易斯转折阶段、人口转变与经济增长率下滑

(一)人口转变进入新阶段,经济增长的供给侧受阻

通过前面的分析,二元经济转型初期我国劳动力转移和重新配置成为经济增长的重要源泉。当刘易斯转折阶段来临时,我国人口转变进入新阶段,劳动力供求关系从量变转变为质变。2005年左右,我国出现"民工荒"、劳动力开始短缺、工资上涨,二元经济迎来粮食短缺点。劳动力短缺和工资上涨的趋势愈演愈烈,特别是在2012年,我国15—59岁的劳动年龄人口比重首次下降,2014年农村可供转移的一部分人口16—19岁年龄人口达到峰值,劳动力从农村向城市转移的速度明显放慢。2017年劳动参与率提高速度下降,15—59岁经济活动人口达到峰值,并呈逐年减少的趋势。此期间,随着农村剩余劳动力数量的日益枯竭,农村劳动力的转移速度也逐渐放缓。2005—2010年外出农民工总量的平均增速为4%,到2013—2018年仅为0.93%②,外出农民工的增速越来越低,

---

① 蔡昉:《科学认识经济新常态下的速度变化》,《人民日报》2016年3月1日。
② 蔡昉、都阳、杨开忠:《新中国城镇化发展70年》,人民出版社2019年版,第48页。

劳动力重新配置的空间大幅度缩小。中国经济增长的供给侧条件发生了变化,依靠资本积累和劳动力投入支撑的增长模式不再具有可持续性,经济增长越来越需要依靠劳动生产率的提高来驱动。与此同时,作为可供转移劳动力总数减少的结果,提高生产率的难度明显增大。① 资源的重新配置对中国过去全要素生产率提高的贡献接近50%,由于农村剩余劳动力的减少,其贡献将会降低。总而言之,我国人口红利的消失,劳动年龄人口总量进入负增长时代,农村劳动力转移速度放缓,资源重新配置效应减弱,全要素生产率增长率下滑。

(二)供给侧结构性改革的提出

随着中国进入新的人口转变阶段,劳动力资源重新配置效应已经式微,为了保持中国经济以合理速度继续增长,需要深化改革。以习近平同志为核心的党中央提出了"供给侧结构性改革"这一重大战略决策,这是适应和引领经济发展新常态的重大创新,是适应我国经济发展新常态的必然要求②,解决了当前及未来应"如何干"的大问题。

本章重点内容主要体现在二元经济转型阶段性与供给侧结构性改革背景,参见图3-4。

图3-4 二元经济转型阶段性与供给侧结构性改革背景

资料来源:根据第三章内容整理得出。

---

① 蔡昉:《中国经济改革效应分析——劳动力重新配置的视角》,《经济研究》2017年第7期。

② 中共中央文献研究室:《习近平关于社会主义经济建设论述摘编》,中央文献出版社2019年版,第94页。

第四章　供给侧结构性改革是当前中国二元经济转型的关键

　　当前我国正处于刘易斯转折阶段中后期,城乡二元经济转型面临多重任务,涉及国内发展阶段面临的诸多问题与国外风险的层层挑战,供给侧结构性改革是党中央从中国现实国情出发提出的治国方略,为实现二元经济转型开辟了新思路、注入了新智慧。推进供给侧结构性改革是当前我国跨越刘易斯转折阶段的必经关口,是我国二元经济转型特殊性与滞后性的问题倒逼,也是中国应对二元经济转型外部条件变化的有力举措。

第一节　推进供给侧结构性改革是当前我国跨越二元经济转型关键阶段的有效途径

　　刘易斯转折阶段是一个经济体二元经济转型最困难也最关键的阶段。根据预测,还有 8 年左右的时间结束,如果没有妥善处理好这一阶段的症结性问题,可能出现经济转型停滞。

一、我国刘易斯转折阶段面临的症结性难题

(一)劳动力成本上升及其影响

　　刘易斯第一转折点到来之前,工业部门通过较低的工资水平可雇佣到农

业劳动力。这样,一是可以使企业获得更多的利润,并将利润转化为资本积累,从而促进工业部门的持续扩张;二是企业家就会倾向于使用劳动密集型生产技术;三是劳动力成本在国际上具有竞争优势,就可以促进企业出口规模不断扩大,从而有利于企业生产规模扩大。由此可见,低劳动力成本优势在促进企业发展的同时,也扩大了对劳动力的需求。改革开放四十余年来,低劳动力成本优势对中国经济增长、工业化、城市化和出口增长等都起着重要的推动作用。而如今中国已经进入到刘易斯转折阶段中后期,劳动力成本上升趋势更为明显。

1. 我国劳动力成本呈显著上升趋势

第一,劳动力绝对成本呈现上升趋势。从表4-1可以看出,2005—2022年城镇单位就业人员平均工资年均上涨11.60%;同期内,除个别年份外,城镇单位就业人员平均货币工资指数和平均实际工资指数均高于人均GDP指数,平均分别高出3.89个和1.25个百分点。第二,劳动力相对成本呈现上升趋势,参见表4-1。2005—2022年城镇单位就业人员平均货币和实际工资指数都高于全社会实际劳动生产率指数。

表4-1 2004—2022年城镇单位就业人员平均工资、工资指数、人均国内生产总值指数和全社会实际劳动生产率指数变动情况

年份	城镇单位就业人员平均工资（元）	城镇单位就业人员平均货币工资指数（上年=100）	城镇单位就业人员平均实际工资指数（上年=100）	人均国内生产总值指数（上年=100）	全社会实际劳动生产率指数
2004	15920	114.0	110.3	109.5	106.19
2005	18200	114.3	112.5	110.7	103.37
2006	20856	114.6	112.9	112.1	103.47
2007	24721	118.5	113.4	113.6	107.26
2008	28898	116.9	110.7	109.1	107.45
2009	32244	111.6	112.6	108.9	99.44
2010	36539	113.3	109.8	110.1	106.49

续表

年份	城镇单位就业人员平均工资（元）	城镇单位就业人员平均货币工资指数（上年＝100）	城镇单位就业人员平均实际工资指数（上年＝100）	人均国内生产总值指数（上年＝100）	全社会实际劳动生产率指数
2011	41799	114.4	108.6	109.0	107.95
2012	46769	111.9	109.0	107.1	102.26
2013	51483	110.1	107.3	107.1	102.10
2014	56360	109.5	107.2	106.8	100.97
2015	62029	110.1	108.5	106.4	100.03
2016	67569	108.9	106.7	106.2	101.51
2017	74318	110.0	108.2	106.3	104.49
2018	82413	108.1	108.6	106.3	103.87
2019	90501	109.8	106.8	105.6	101.74
2020	97379	107.6	105.2	102.0	101.00
2021	106837	109.7	108.6	108.4	0.3539
2022	114029	106.7	104.6	103	0.3683

注：全社会劳动生产率＝国内生产总值实际值/就业人员。

资料来源：根据国家统计局官方数据库整理得出。

2. 劳动力成本上升对企业劳动力需求下降的影响机制分析

劳动力成本上升通过劳动力需求的替代效应致使企业劳动力需求下降。由图 4-2 可见，当劳动力市场的工资水平为 w_0，等产量曲线为 Q_0 时，企业的就业需求由 P 点决定，其水平为 E_P。由于工资是劳动力价格，如果工资上升而资本价格保持不变，那么，相对于资本而言，劳动就变得比以前更昂贵，企业将会重新调整其投入组合，多使用资本，少用劳动，也就是用资本来代替劳动，提高资本集约度。在图 4-1 上表现为，产出 Q_0 不变，企业的生产要素组合在等产量曲线上移动，由 P 点移动到 P' 点，企业的就业需求从 E_P 下降到 $E_{P'}$。替代效应表现为工资水平的上升致使企业的就业需求从 E_P 下降到 $E_{P'}$。

第二，劳动力成本上升通过劳动力需求的规模效应致使企业劳动力需求下降（见图 4-2）。当劳动力市场的工资水平为 w_0，等产量曲线为 Q_0 时，企业

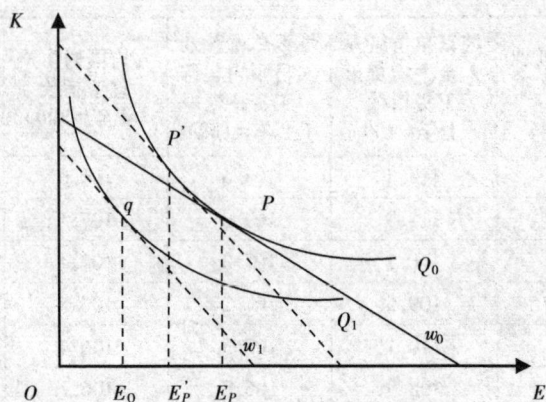

图4-1　工资上升的替代效应

资料来源:根据沈琴琴:《劳动经济学》(第二版),中国人民大学出版社2017年版,第64—65页整理得出。

的就业需求由 P 点决定,其水平为 E_P。如果劳动力成本上升而资本价格保持不变,对企业的影响会发生两种情况:第一,劳动力成本上升导致生产的产品价格有所提高,价格上升相应的市场需求量就会减少,这样企业的利润会减少;第二,劳动力成本上升,若生产的产品价格不变,产品需求量不变,销售额不会发生变化,在产出不变的情况下,企业的成本上升也会压缩企业的利润空间。企业利润减少必然面临着收入水平的降低,企业原来的预算线就会发生向内移动的变化,这时与等产量线 Q_2 相切于 P'',企业的就业需求从 E_P 下降到 E_P'',这就是规模效应。或者企业在新的预算线下,选择新的投入组合,与等产量线 Q_1 相切于 P' 点,企业对劳动力的需求量从 E_P 下降到 $E_{p'}$。

　　第三,劳动力成本上升通过影响出口致使企业劳动力需求下降。劳动力成本的上升,产品价格会上升,一国出口产品的价格竞争力必然会被削弱,从而使该产品的出口量减少或出口增速下降,由此,企业的生产和规模扩张都会受到限制。[①] 数据显示,中国制造业单位劳动力成本从2005年的0.21上升到2013年的0.31,尽管只比菲律宾高,但是,除日本外,美国、德国、菲律宾和

――――――――

　　① 《商务部:尽可能把加工贸易留在国内》,《京华时报》2016年5月18日。

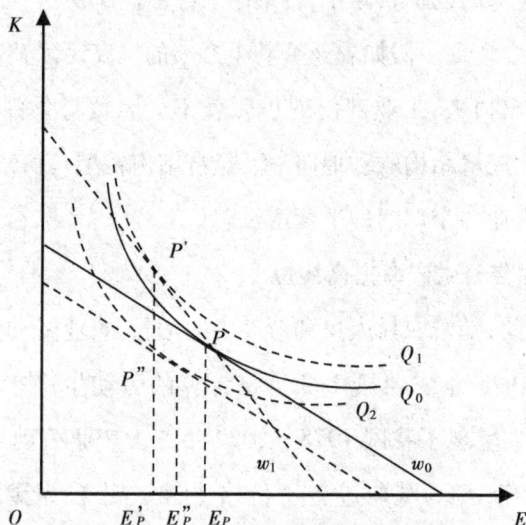

图 4-2　工资上升的规模效应

资料来源:根据沈琴琴:《劳动经济学》(第二版),中国人民大学出版社 2017 年版,第 64—65 页整理得出。

泰国 2013 年的单位劳动力成本与 2005 年相比都呈下降趋势,其中泰国下降尤为明显。[1] 这表明,我国劳动力成本低的优势逐渐丧失,由此会对我国出口产生负面影响。

以上三个方面都会抑制企业对劳动力的需求,对具有显著低成本优势特征但又缺乏技能的农业劳动力来说尤为明显。劳动力成本上升促使企业减少了对非技能型劳动力的需求,农民工是其中最为重要的组成群体,其非农化转移和城镇化进程必然会随之放缓,二元经济转型的进程也会随之受到阻滞。

(二)农业劳动生产率提高缓慢及其影响

在刘易斯转折阶段,若农业劳动生产率提高缓慢,粮食短缺将引起工业贸

---

①　张桂文、周健:《制度变迁视角下的中国二元经济转型》,社会科学文献出版社 2021 年版,第 361 页。

易条件恶化,工业部门的扩张停止,转型陷入停滞。解决这一问题的关键是不断提高农业劳动生产率。假如农业劳动生产率的提高足以补偿农业劳动力转移所带来的总产出损失,工业部门的扩张就不会因贸易条件的恶化而受阻。因此,要实现二元经济结构顺利地向一元经济结构转型,就必须提高农业劳动生产率,保持工农业两个部门的平衡增长。

1. 我国农业劳动生产率提高缓慢

改革开放之前,随着农村人口和劳动力的增长,农业劳动生产率增长长期处于停滞状态,1975 年农业按不变价格计算的劳动生产率比 1957 年还低 11.6%。① 图 4-3 呈现了我国 1978—2022 年三大产业劳动生产率的演变情况图。数据以 1978 年为基期进行了价格平减。图 4-3 显示,改革开放以来,三大产业的劳动生产率有了显著提高,第一产业劳动生产率增长速度较第二产业、第三产业稍快,增长速度为 7.00%,第二产业为 5.97%,第三产业为 6.20%。三次产业之间存在较大的差距,2005 年进入刘易斯转折阶段以后,产业间劳动生产率有所缩小。第二产业与第一产业之间劳动生产率的差距从 2005 年的 7.60 倍增长到 2022 年的 4.58 倍,第三产业与第一产业之间劳动生产率的差距从 2005 年的 5.07 倍增长到 2022 年的 3.69 倍,尤其是受到新冠疫情的影响,非农产业的劳动生产率有所下滑,三次产业的劳动生产率在样本期内趋同迹象微显。蔡昉及其团队(2017)②测算了改革开放以来三个产业及重新配置对劳动生产率的贡献,2004—2015 年第二产业、第三产业贡献率高达 48.69%和 20.27%,第一产业贡献率仅为 6.68%,且这一指标在 1991—2003 年为 7.44%,1978—1990 年为 15.65%,呈现显著下降趋势。

综上可以看出,我国三个产业之间,特别表现在农业与非农产业之间的生

---

① 张桂文:《中国二元经济结构转换研究》,吉林人民出版社 2001 年版,第 61 页。
② 蔡昉:《中国经济改革效应分析——劳动力重新配置的视角》,《经济研究》2017 年第 7 期。

（单位：万元/人）

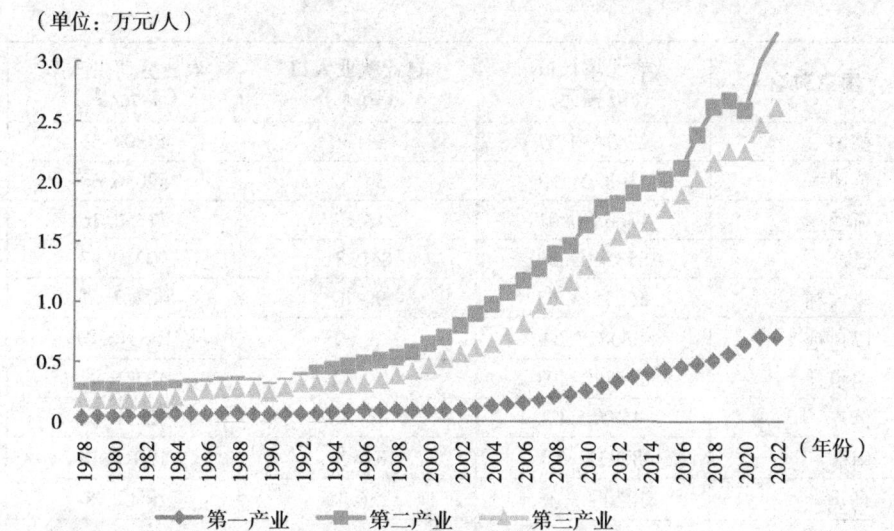

图 4-3 1978—2022 年中国分产业劳动生产率

注：中国分产业劳动生产率采用劳均国内生产总值来代替。

资料来源：根据国家统计局官方数据库整理而得。

产率差距仍然巨大这一事实。而根据国际对比，参见表 4-2，反映了世界主要国家的农业劳动生产率情况。从中可以看出，中国的农业劳动生产率较为低下，每个农业就业人口的农业增加值只有 5414.95 美元，在 33 个国家中居倒数第 9 位，只高于泰国、菲律宾、巴基斯坦、印度尼西亚、越南、印度、斯里兰卡、柬埔寨八个国家。同期美国农业劳动生产率为 102374.59 美元/人，是我国农业劳动生产率的 18.91 倍；加拿大的农业劳动生产率更是高达 112090.2 美元/人，是我国农业劳动生产率的 20.70 倍，这意味着农业劳动生产率具有极大的提高潜力。

表 4-2 农业劳动生产率的国际比较

国家和地区	农业增加值 （万美元）	农业就业人口 （万人）	农业劳动生产率 （美元/人）
美国	21933755.50	214.25	102374.59
澳大利亚[①]	3170851.23	32.26	98290.49
加拿大[①]	3158701.73	28.18	112090.20
法国	3769656.43	68.77	54815.42

续表

国家和地区	农业增加值 （万美元）	农业就业人口 （万人）	农业劳动生产率 （美元/人）
德国	2247430.67	51.30	43809.56
英国	1808204.22	34.32	52686.60
荷兰	1360840.91	18.68	72850.16
巴西	8585403.80	840.81	10210.87
意大利	3654574.67	90.87	40217.61
以色列①	383817.64	3.60	106616.01
西班牙	3458292.03	79.71	43385.92
捷克	458755.02	14.10	32535.82
南非①	878331.19	87.70	10015.18
乌克兰①	1230883.15	226.10	5443.98
俄罗斯联邦	5740130.13	419.35	13688.16
哈萨克斯坦②	944768.40	127.65	7401.24
波兰	1054330.81	150.61	7000.40
日本	4034317.24	227.27	17751.21
墨西哥	4094242.10	686.28	5965.85
伊朗①	4298155.75	413.58	10392.56
埃及①	4118871.16	537.36	7665.01
韩国	2950340.69	139.96	21079.88
泰国	3879314.39	1182.08	3281.77
菲律宾	3560469.84	969.95	3670.78
土耳其	6402132.05	508.53	12589.49
巴基斯坦①	6858132.60	2207.45	3106.81
马来西亚	2600948.90	154.92	16788.98
印度尼西亚	13429230.40	3577.89	3753.39
越南	3625032.68	1882.22	1925.93
印度	41444052.27	15360.28	2698.13
中国	106259725.62	19623.4	5414.95
斯里兰卡①	669513.29	200.34	3341.89
柬埔寨②	494576.06	314.22	1573.98

注:①表示2018年数据,②表示2017年数据,未标注的为2019年数据;农业增加值基于"2010年不变价美元"计算。

资料来源:根据世界银行WDI数据库、联合国ILO数据库等相关数据计算得出。

2. 农业劳动生产率提高缓慢的影响

第一,农业劳动生产率提高缓慢影响着农民收入水平与农业现代化的进程。农业劳动生产率提高缓慢,农产品产出增长受限,再加上劳动力数量减少,有可能面临着粮食安全危机,进一步引发粮食价格和工业工资水平的上升,工业利润减少。农业产出不高意味着农民收入难以实现有效增长,不利于劳动力的非农化转移,劳动力资源很难实现优化配置,长期会制约着农业劳动力素质的提高。再加上我国目前土地资源的人口承载能力非常有限,如果依旧局限在小农经济,农业无法实现规模经营,也会影响农业机械化和农业技术的普及,农业农村现代化进程受阻,也无法提高农业的国际竞争力,未来农村生产也难以保障。第二,农业劳动生产率提高缓慢影响着城镇化进程。农业劳动生产率提高缓慢,就会使农业剩余劳动力的释放数量小于城市非农产业对劳动力的需求,不仅会影响工业部门及其他非农产业的发展,不利于工业化与城市化的推进,还会使大量劳动力滞留在农业内部,导致农业劳动生产率提高更慢,农民收入水平低下、农村人口大量减少的现象无法得到改变,二元经济转型的进程受到制约。

(三)资源环境成本上升及其影响

二元经济转型初期,一方面,工业部门十分弱小,对生产要素的需求量不大,工业发展对环境造成的负面影响也不严重;另一方面,经济体还有尚未开发利用的闲置资源可用于资本形成,因此,一个经济体在二元经济转型初期,资源、环境约束问题并不突出。进入刘易斯转折阶段,工业部门有了较快的发展,随着工业生产规模的扩大,经济发展面临的要素供给与市场需求的约束进一步强化。从要素供给的角度看,这一阶段除了上述由于工资上涨所导致的用工成本增加外,企业还面临着资源、环境成本全面上涨的压力,尤其是当前我国接近刘易斯转折阶段后期,中国经济转型与经济发展也越来越接近资源和环境条件的约束边界。

1. 我国资源和环境承载力下降

第一，我国人均资源占有量偏低。

我国是一个资源大国，但人均资源占有量很低。以耕地为例，根据世界银行数据库最新统计，由表4-3可见，中国人均耕地面积持续下降，从1961年人均0.1554公顷下降到2021年0.0770公顷，下降了50.39%。而且与世界各地区相比，中国人均耕地面积也偏低。2021世界人均耕地面积为0.1771公顷，而我国仅为0.0771公顷，是世界平均水平的43.53%，相当于俄罗斯的21.01%，美国的37.28%，欧盟的80.10%，巴西的65.16%，经合组织成员的65.64%，高收入国家的63.66%，中高收入国家的97.47%（见表4-4）。

表4-3　1961—2021年中国人均耕地面积　　（单位：公顷）

年份	人均耕地	年份	人均耕地	年份	人均耕地
1961	0.1554	1982	0.1008	2003	0.0933
1962	0.1537	1983	0.1049	2004	0.0929
1963	0.1496	1984	0.1100	2005	0.0925
1964	0.1459	1985	0.1143	2006	0.0923
1965	0.1421	1986	0.1130	2007	0.0918
1966	0.1376	1987	0.1109	2008	0.0915
1967	0.1335	1988	0.1097	2009	0.0912
1968	0.1294	1989	0.1092	2010	0.0898
1969	0.1253	1990	0.1091	2011	0.0882
1970	0.1213	1991	0.1085	2012	0.0866
1971	0.1175	1992	0.1055	2013	0.0854
1972	0.1141	1993	0.1029	2014	0.0843
1973	0.1110	1994	0.1013	2015	0.0832
1974	0.1094	1995	0.0992	2016	0.0818
1975	0.1058	1996	0.0980	2017	0.0802
1976	0.1040	1997	0.0968	2018	0.0789

续表

年份	人均耕地	年份	人均耕地	年份	人均耕地
1977	0.1024	1998	0.0959	2019	0.0775
1978	0.1009	1999	0.0950	2020	0.0772
1979	0.0994	2000	0.0943	2021	0.0771
1980	0.0980	2001	0.0941		
1981	0.0974	2002	0.0937		

资料来源:世界银行 WDI 数据库。

表 4-4　2021 年中国与世界人均耕地面积比较　　(单位:公顷)

国家或地区	耕地(人均公顷数)
中国	0.0771
世界	0.1771
俄罗斯	0.8420
美国	0.4751
欧洲联盟	0.2211
巴西	0.2718
经合组织成员	0.2698
高收入国家	0.2782
中高等收入国家	0.1817

资料来源:世界银行 WDI 数据库。

第二,我国能源资源利用率偏低。

更为严峻的是,与发达国家和区域以及同等发展水平的国家和区域相比,我国能源利用效率明显偏低。根据《中国能源统计年鉴》数据,我国万元国内生产总值能源消费量呈总体下降趋势,2005 年进入刘易斯转折阶段以来,由2005 年的 1.4 吨标准煤/万元降到 2010 年的 1.13 吨标准煤/万元,2015 年的0.63 吨标准煤/万元降至 2019 年的 0.55 吨标准煤/万元。此外,我国二氧化碳排放量与世界其他地区相比仍然较高,通过表 4-5 和图 4-5 可见,2020 年世界二氧化碳排放量为 0.4088 千克,而我国为 0.7488 千克,是世界平均水平的 1.83 倍,相当于东亚与太平洋地区的 1.34 倍,欧盟的 4.23 倍,北美的 3.25 倍,经合组织成员的 3.50 倍,中高收入国家的 1.12 倍,高收入国家的 3.46 倍。但从我国经济发展阶段来看,1990—2020 年中国二氧化碳排放量呈现较为明显的下降趋势(见图 4-4),从 1990 年的 2.1154 千克降低到 2020 年的 0.7488,虽然 21 世纪初有所上升,但总体呈现下降态势。

表 4-5 2020 年中国与世界部分地区二氧化碳排放量的比较

(单位:千克/2010 年美元 GDP)

国家或地区	2020 年
中国	0.7488
世界	0.4088
东亚与太平洋地区	0.5590
欧洲联盟	0.1769
北美	0.2304
经合组织成员	0.2142
中高等收入国家	0.6703
高收入国家	0.2164

资料来源:世界银行 WDI 数据库。

第三,我国还面临着环境严重污染、生态系统遭到破坏、生活环境质量下降等严峻问题。

一是从大气质量来看,2021 年全国地级及以上城市空气质量优良天数比率为 87.5%,同比上升 0.5 个百分点,好于年度目标 2.3 个百分点;$PM_{2.5}$ 浓度下降比例好于年度目标 13.6 个百分点。但是,还有 29.8% 的城市 $PM_{2.5}$ 平均浓度超标,区域性重污染天气过程仍时有发生。二是从地表水质量来看,2021 年地表水 I—Ⅲ类水质断面比例好于年度目标 1.4 个百分点;重点流域水质

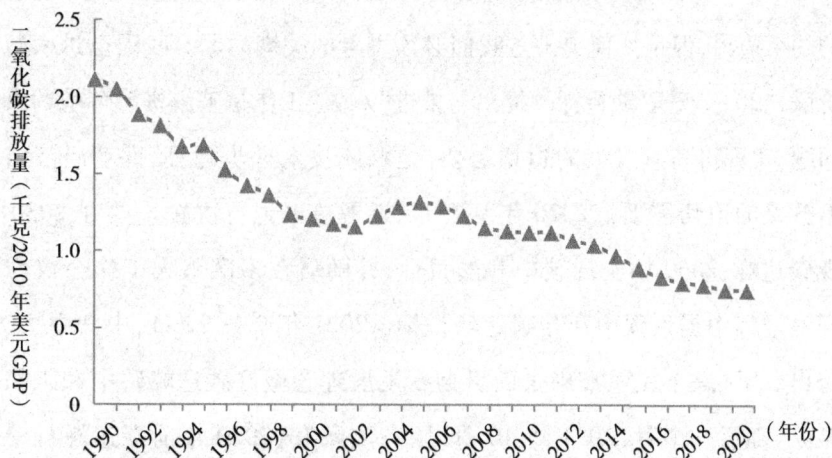

图 4-4　1990—2020 年中国二氧化碳排放量趋势图

资料来源:世界银行 WDI 数据库。

持续改善,但水生态环境改善成效还不稳固,少数地区消除劣Ⅴ类断面难度较大,部分重点湖泊蓝藻水华居高不下,污染源周边和地下水型饮用水水源保护区存在污染风险,水生态系统失衡等问题亟待解决。三是从土壤质量来看,全国土壤环境风险得到基本管控,土壤污染加重趋势得到初步遏制,但这一问题必须得到重视。[①]

2. 资源环境交易成本和企业生产成本上升

我国已成为世界第二大能源消费国,对国际市场的资源依赖严重,不得不承受资源价格大幅度上升的压力;中国政府对资源环境的管制会更加严格,国内资源环境交易成本也在不断提升。然而,在中国经济发展已接近资源环境的约束边界的同时,中国经济发展对资源环境的需求却不断增加。从能源需求来看,根据《BP 世界能源展望》显示,到 2035 年中国将占世界能源消费总量四分之一,到 2040 年中国仍将是全球最大的煤炭消费国,将占全球煤炭需

[①]　这一段数据根据以下资料整理,张天培:《国务院生态环境保护情况报告公布》,《人民日报》2022 年 4 月 20 日;《2021 年全国生态环境质量明显改善》,中华人民共和国政府官方网站,2022 年 4 月 18 日,见 http://www.gov.cn/xinwen/2021-05/26/content_5612827.htm。

求的 41%。[1] 由此可见,中国经济要实现可持续发展,必须突破资源和环境条件的约束边界,但是如何突破是我们必须思考的关键问题。我国已进入新发展阶段,"30·60"双碳目标的提出与推进"双碳"工作是破解资源环境约束突出问题、实现可持续发展的迫切需要,是顺应技术进步趋势、推动经济结构转型升级的迫切需要。2020 年 9 月,习近平总书记首次提出要在 2030 年实现碳达峰,2060 年实现碳中和的目标,并随后在多次重大工作会议和对外问答过程中提到碳中和与碳达峰目标。2021 年 9 月 22 日,中共中央、国务院出台了《关于完整准确全面贯彻新发展理念做好碳达峰碳中和工作的意见》。随后一个月,2021 年 10 月,国务院印发《2030 年前碳达峰行动方案》,重点实施能源绿色低碳转型行动、节能降碳增效行动、工业领域碳达峰行动、城乡建设碳达峰行动、交通运输绿色低碳行动、循环经济助力降碳行动、绿色低碳科技创新行动、碳汇能力巩固提升行动、绿色低碳全民行动、各地区梯次有序碳达峰行动等"碳达峰十大行动"。2022 年 1 月 24 日,习近平总书记强调推进"双碳"工作,加强统筹协调,推动能源革命,推进产业优化升级,加快绿色低碳科技革命,完善绿色低碳政策体系,积极参与和引领全球气候治理。

　　资源环境约束对企业来说,一方面会产生短期阵痛,利润在一定时期内会下降,甚至是亏损;另一方面又是必然的选择,随着消费者对绿色消费品的日益关注,以及环保意识的增强,不符合能耗和环保标准要求的产品将难以生产和销售。从国际和国内发展的趋势来看,适应资源环境约束的要求进行技术升级改造才是企业必然的选择。不过,企业适应资源环境约束要求而进行的升级改造,会对农民工的就业产生影响:一是随着生产成本的上升,企业可能会降低生产规模的扩张速度甚至缩小生产规模,从而增加解雇率,降低对劳动

---

　　① 崔荣:《2035 年中国将占世界能源消费总量四分之一》,《中国石油报》2017 年 3 月 31 日。

力包括农民工的需求;二是企业升级改造,会增加对高素质劳动力的需求,这就会抑制人力资本水平较低的农民工的就业。[①] 这对我国二元经济转型来说会产生不利影响。但是,为了我国实现可持续永续发展,二元经济进行转型必然要求"绿色转型"。

二、刘易斯转折阶段主要制度安排的转变

在刘易斯转折阶段,企业用工成本的上涨,以及资源、环境和市场需求约束的强化,有效需求不足,再加上我国农业劳动生产率提高缓慢,二元经济转型初期的政府主导型促进资本积累的制度安排已不再适用,推进二元经济转型,需要政府在工农关系政策上从农业支持工业转向工业反哺农业;在工业发展战略上降低对产业发展的保护力度,从进口替代转向出口导向;技术上逐渐摒弃技术的"拿来主义"向模仿创新转变;在劳资关系政策上从偏向资方转向保护劳动者基本权益;注重提高能源资源利用效率;采取有利于缩小收入差距的制度安排。在政府与市场关系上,从政府作为市场的培育者、部分替代市场配置资源,向作为市场失灵的弥补者、充分发挥市场机制在资源配置中的决定性作用转变。若政府能够顺应二元经济结构转型规律,实现上述制度安排的转变,一个国家或地区就会较为顺利地度过二元经济转型最为困难的阶段,进入二元经济转型后期。

第二节　推进供给侧结构性改革是我国二元经济转型呈现特殊性与滞后性的特征使然

新中国成立七十余年来,我国二元经济结构经历了从形成、强化到逐渐弱化的发展过程。根据我国国情发展,与其他国家相比,二元经济转型表现为非

---

① 穆怀中、范洪敏:《环境规制对农民工就业的门槛效应研究》,《经济学动态》2016 年第10 期。

均衡性的制度变迁过程,这一过程表现为我国二元经济转型与经济体制转轨并存,体现为先农村改革,后城市改革,最后是城乡综合配套改革;先进行城乡微观经济体制改革,后进行二元资源配置体制、二元就业与社会保障制度的改革。[①] 二元经济体制非均衡变革导致了中国二元经济转型的特殊性和滞后性。

一、我国二元经济转型的特殊性

由于非均衡制度变迁,再加上户籍制度改革滞后的影响,中国二元经济转型呈现特殊性,即农业劳动力形成了就地转移与非永久性城乡迁移相结合的基本特点,表现为非城市化与半城市化的农业劳动力转移路径。

第一阶段(20世纪90代中期以前):农业劳动力以就地转移为主。

改革开放之初到20世纪90年代中期我国农业剩余劳动力主要不是向城镇现代部门转移,而是主要流向农村工业这一"准现代部门",因此,这一时期的农业劳动力转移被称为"离土不离乡"的就地转移。1979—1997年农业劳动力转移到城市就业的人数占转移总数的比重仅有20.8%。[②]

第二阶段(20世纪90代中期至今):农业劳动力以非永久性乡城迁移为主。

随着农业生产经营体制的改革,乡镇企业吸纳就业能力减弱,农产品统购统销制度取消和城市经济体制改革同步进行,到20世纪90年代农村劳动力大规模城乡迁移的条件已基本具备。但是我国劳动力转移并没有像其他国家那样采取永久性迁移形式,而是采取非永久性的流动转移方式。

户籍制度改革滞后主要表现在依附于户籍制度上的劳动就业、社会保

---

① 张桂文、周健:《非均衡制度变迁对中国二元经济转型的影响》,《辽宁大学学报(哲学社会科学版)》2013年第1期。

② 根据张桂文:《中国二元经济结构转换研究》,吉林人民出版社2001年版,根据第70—71页数据计算得出。

障、居住权利、子女教育等城乡差别还存在,大幅度增加了农村劳动力的迁移成本。20世纪90年代以来,我国形成了具有中国特色的农村劳动力的非永久性城乡迁移。特别是1998年以后,农村劳动力外出打工的数量急剧增加,1998—2016年外出农民工的总量增加了约13857万人,平均每年新增约770万人①,2020年外出农民工数量达到1.70亿人,以上两种形式共转移了2.86亿的农业劳动力②。乡镇企业的发展实现了"离土不离乡、进厂不进城",只有劳动力在产业间的转移,而没有人口在城市的集中;以"民工潮"形式所进行的非永久性劳动力乡城转移,虽然使农民走出了乡村,但并没有真正成为城市居民。而且这两种形式的农业劳动力转移,都使农民的产业转移与空间转移相分离,但没有割断与农业的关系,大多具有兼业性质。

二、我国二元经济转型具有滞后性

根据经典二元经济理论,启动二元经济转型的制度变迁表现为束缚劳动力流动的封建制度的解体与引导资源配置的市场体制的确立,因此,一个经济体在启动工业化的同时也开启了二元经济转型的进程,世界上已进入发达国家的先行工业化国家和后起工业化国家二元经济转型历程亦是如此。1949年新中国成立之初,我国选择了以重工业优先发展的赶超型战略,后续实行的统购统销制度、户籍制度和人民公社制度促使城乡二元经济体制不断强化,制约了劳动力的流动与迁移。改革开放之后,我国才开始真正地进行农业剩余劳动力的非农化转移,与此同时,开始了二元经济向一元经济的转型。如果以20世纪50年代末作为中国工业化的起步时间,80年代初作为农业剩余劳动

---

① 根据张桂文:《中国二元经济结构转换研究》,吉林人民出版社2001年版,第71页和国家统计局发布的历年全国农民工监测调查报告数据计算得出。

② 国家统计局:《2020年农民工监测调查报告》,2021年4月30日,见http://www.stats.gov.cn/tjsj/zxfb/202104/t20210430_1816933.html。

力开始转移的时间,劳动力转移的起步比工业化滞后二十余年,这也表现为二元经济转型的滞后性。这一方面源于我国二元经济转型特殊化的农业劳动力转移路径,使农业劳动力的非农化转移并不顺利;另一方面由于非均衡制度变迁中城乡二元资源配置制度和城乡二元就业和社会保障制度改革滞后于城乡市场主体形成,导致我国在制度变迁过程中农业资源不断地流入城市非农产业。虽然 2002 年统筹城乡发展战略逐步实施,但二元经济转型具有滞后性并没有得到缓解。

第一,就业结构严重滞后于产值结构。

受非均衡性制度变迁的影响,农业物质资源不断地以各种方式流入城市部门,进一步强化了城市非农产业的市场竞争力,导致其产值比重不断增加,农业产值比重不断减少;在农业物质资源大规模流入城市的同时,农业剩余劳动力却没有相应地转移到非农产业。这种城乡资源配置失衡导致了就业结构转换严重滞后于产值结构转换(见表 4-6)。

从产业结构来分析,我国 1978 年农业增加值在国内生产总值中的份额为27.7%,非农产业增加值在国内生产总值中的份额为 72.3%;2022 年农业增加值在国内生产总值的比重下降为 7.3%,非农产业增加值在国内生产总值中的比重提升为 92.7%。从就业结构来看,1978 年我国农业劳动力占总劳动力的比重为 70.5%,非农产业为 29.5%,到 2022 年,我国农业劳动力占比下降为 24.1%,非农产业的劳动力比重提升 75.9%。1984 年以来,农业就业结构转换滞后于产值结构转换的程度不仅没有得到弱化,反而出现了不断强化势头,到 2006 年农业就业结构转换滞后于产值结构转换的程度高达 301.9%,此后,虽然出现了弱化的趋势,但 2022 年农业在国内生产总值中的比重为7.3%,而占社会总劳动力的比重为 24.1%,二者相差 16.8 个百分点,滞后程度高达 229.9%。

表 4-6 1978—2022 年中国农业就业结构转换滞后于产值结构转换的程度

（单位：%）

年份	农业产值结构	农业就业结构	滞后程度
1978	27.7	70.5	154.6
1979	30.7	69.8	127.4
1980	29.6	68.7	132.3
1981	31.3	68.1	117.6
1982	32.8	68.1	107.7
1983	32.6	67.1	105.8
1984	31.5	64.0	103.3
1985	27.9	62.4	123.7
1986	26.6	60.9	129.1
1987	26.3	60.0	128.1
1988	25.2	59.4	135.5
1989	24.6	60.0	144.1
1990	26.6	60.1	125.9
1991	24.0	59.7	148.7
1992	21.3	58.5	174.6
1993	19.3	56.4	192.2
1994	19.5	54.3	178.5
1995	19.6	52.2	166.3
1996	19.3	50.5	161.7
1997	17.9	49.9	178.8
1998	17.2	49.8	189.5
1999	16.1	50.1	211.2
2000	14.7	50.0	240.1
2001	14.0	50.0	257.1
2002	13.3	50.0	275.9
2003	12.3	49.1	299.2
2004	12.9	46.9	263.6
2005	11.6	44.8	286.2
2006	10.6	42.6	301.9
2007	10.2	40.8	300.0
2008	10.2	39.6	288.2
2009	9.6	38.1	296.9

续表

年份	农业产值结构	农业就业结构	滞后程度
2010	9.3	36.7	294.6
2011	9.2	34.7	277.6
2012	9.1	33.5	268.0
2013	8.9	31.2	251.0
2014	8.6	29.3	240.7
2015	8.4	28.1	234.1
2016	8.1	27.4	238.5
2017	7.5	26.7	255.8
2018	7.0	25.8	267.9
2019	7.1	24.7	248.2
2020	7.7	23.6	206.5
2021	7.2	22.9	218.1
2022	7.3	24.1	229.9

注:计算公式为:农业就业结构转换滞后于产值结构转换程度=(农业就业结构-农业产值结构)/农业产值结构。

资料来源:根据历年《中国统计年鉴》有关数据计算得出。

第二,二元经济结构强度高于发展中国家平均水平。

根据陈宗胜(1994)[1]、张桂文(2011)[2]的研究,本书选用二元对比系数来衡量二元经济结构的强度[3]。表4-7是本书根据历年统计年鉴数据计算的1978—2020年我国二元对比系数情况,从中可以得出如下结论:

第一,中国的二元经济结构强度演变经历了一个由缓解到加强、再到逐渐改进的过程,具体表现为,将1978年的二元对比系数从0.1601提高到1984

[1] 陈宗胜:《经济发展中的收入分配》,上海三联书店、上海人民出版社1994年版,第326页。

[2] 张桂文:《中国二元经济结构转换的政治经济学分析》,经济科学出版社2011年版,第122—123页。

[3] 二元对比系数是二元经济结构中农业和非农业比较劳动生产率的比率,而比较劳动生产率是一个部门的产值(或收入)比重同劳动力比重的比率。二元对比系数与二元经济结构的强度呈反方向变动。参见陈宗胜:《经济发展中的收入分配》,上海三联书店、上海人民出版社1994年版,第326页。

年的 0.2582;此后开始加强,到 2003 年二元对比系数下降到历史最低点 0.1454,到 2016 年上升到 0.2456,2022 年达到 0.2483。第二,经济结构的二元特征还很明显。2019 年二元对比系数为 0.2327,仍低于 1984 年的水平。这说明,我国经济结构还很落后,二元经济结构转型的任务还相当繁重。第三,二元经济结构的演变是在波动中进行的,从表 4-7 中国二元对比系数变动曲线即可看出。

表 4-7 1978—2022 年中国二元对比系数的变化情况

年份	农业比较劳动生产率	非农业比较劳动生产率	二元对比系数
1978	0.3928	2.4531	0.1601
1979	0.4398	2.2946	0.1917
1980	0.4306	2.2526	0.1911
1981	0.4596	2.1536	0.2134
1982	0.4814	2.1085	0.2283
1983	0.4860	2.0476	0.2373
1984	0.4918	1.9052	0.2582
1985	0.4470	1.9185	0.2330
1986	0.4365	1.8794	0.2322
1987	0.4384	1.8419	0.2380
1988	0.4246	1.8402	0.2307
1989	0.4097	1.8874	0.2171
1990	0.4426	1.8396	0.2406
1991	0.4020	1.8859	0.2132
1992	0.3641	1.8964	0.1920
1993	0.3422	1.8509	0.1849
1994	0.3591	1.7615	0.2039
1995	0.3755	1.6820	0.2232
1996	0.3822	1.6303	0.2344
1997	0.3587	1.6387	0.2189
1998	0.3454	1.6494	0.2094
1999	0.3214	1.6814	0.1911
2000	0.2940	1.7060	0.1723

年份	农业比较劳动生产率	非农业比较劳动生产率	二元对比系数
2001	0.2800	1.7200	0.1628
2002	0.2660	1.7340	0.1534
2003	0.2505	1.7230	0.1454
2004	0.2751	1.6403	0.1677
2005	0.2589	1.6015	0.1617
2006	0.2488	1.5575	0.1598
2007	0.2525	1.5152	0.1666
2008	0.2601	1.4851	0.1751
2009	0.2598	1.4556	0.1785
2010	0.2616	1.4281	0.1832
2011	0.2730	1.3880	0.1967
2012	0.2827	1.3630	0.2074
2013	0.2955	1.3289	0.2224
2014	0.3119	1.2880	0.2421
2015	0.3110	1.2720	0.2445
2016	0.3105	1.2642	0.2456
2017	0.2811	1.2617	0.2228
2018	0.2718	1.2526	0.2170
2019	0.2872	1.2341	0.2327
2020	0.3263	1.2081	0.2701
2021	0.3148	1.2031	0.2617
2022	0.3032	1.2210	0.2483

资料来源:根据历年《中国统计年鉴》相关数据计算而得。

表4-8进行了二元经济结构强度的国际比较,可以看出,中国的二元对比系数较低,与越南相当,在选择的23个国家中居倒数第5位,只高于泰国、斯里兰卡、墨西哥、印度四个国家,这说明二元经济转型任重道远。虽然自2010年以来我国二元对比系数呈逐年上升的趋势,但就绝对水平来说,不仅远低于发达国家的平均水平,也低于发展中国家的平均水平。

表 4-8 二元经济结构强度的国际比较

国家	农业比较劳动生产率	非农业比较劳动生产率	二元对比系数
埃及	0.5358	1.1206	0.4782
印度	0.3915	1.4516	0.2697
巴西	0.4848	1.0515	0.4611
印度尼西亚	0.4461	1.2208	0.3654
菲律宾	0.3858	1.1820	0.3264
日本	0.2979	1.0246	0.2908
韩国	0.3245	1.0366	0.3131
马来西亚	0.7043	1.0339	0.6812
巴基斯坦	0.5952	1.2370	0.4811
斯里兰卡	0.3019	1.2325	0.2449
泰国	0.2589	1.3397	0.1932
南非	0.3720	1.0350	0.3594
墨西哥	0.2720	1.1038	0.2464
捷克	0.6996	1.0082	0.6939
法国	0.6016	1.0103	0.5954
德国	0.6438	1.0044	0.6410
意大利	0.4905	1.0206	0.4806
西班牙	0.6439	1.0150	0.6344
土耳其	0.3535	1.1430	0.3092
乌克兰	0.6487	1.0563	0.6141
英国	0.5829	1.0044	0.5803
澳大利亚	0.8270	1.0045	0.8232
越南	0.3750	1.3706	0.2736
中国	0.3032	1.2210	0.2483

资料来源:根据世界银行 WDI 数据库有关数据计算所得。

　　我国二元经济转型呈现特殊性与滞后性的双重特征,产生了一些负面影响,我国粮食安全可能面临威胁,消费能力受到制约,人口城镇化落后于土地城镇化,城乡基本公共服务供给不均等,"农村病"与"城市病"进一步相互强化。因此,我国应采取相应的改革措施,既要减轻转型当中呈现的特殊性与滞后性,又要缓解这些负面影响,促进二元经济转型顺利推进。

第三节　推进供给侧结构性改革是我国应对二元经济转型外部条件变化的有力举措

一、人口老龄化提前到来及其影响

（一）我国人口老龄化比刘易斯第一转折点到来的时间早

我国实现人口再生产类型从"高低高"向"低低低"人口转变仅用 30 年时间，而欧洲国家实现这一转变历程达上百年[1]，压缩式人口转变的结果促使我国较早地进入人口年龄结构的老龄化阶段，再加上二元结构强度较高，导致我国人口转变进程超前于二元经济转型进程。更为严峻的是，中国人口老龄化比刘易斯第一转折点到来的时间还要早，而美国、日本和韩国等国在进入二元经济转型后期才面临人口老龄化问题。这就意味着中国在没有充分享受人口红利之前，就已经面临着人口老龄化的挑战，这会严重阻滞我国的二元经济转型。2000 年我国 65 岁以上人口的比例已超过 7%，正式步入老龄化国家，而从二元经济发展阶段来看，尚未到达刘易斯第一转折点，处于二元经济转型初级阶段，城市化率仅为 36.22%，与邻邦国家进行对比，日本、韩国作为发达国家，在进入老龄化国家之前，就已成功实现二元经济转型。日韩分别于 1971 年、1999 年步入老龄化国家，两国当时的城镇化率已高达 72.67%、79.38%，约为我国的 2 倍水平；两国人均 GNI 为 19315 美元、13805 美元，远高于我国 1749 美元，"未富先老"问题凸显。2004 年中国进入刘易斯第一转折点时，老龄化程度为 7.6%，到 2020 年达到 13.05%，老龄化速度较快，但人均 GNI 仍远低于日韩两国，我国城市化率增长速度快，也低于日韩两国约 20 个百分点。

---

[1]　王培安：《科学把握人口发展规律 促进新时代人口均衡发展》，《人民日报》2019 年 5 月 30 日。

（二）二元经济国家过早进入人口老龄化社会的影响

良好的人口年龄结构能够保证劳动力的数量和质量供给，低抚养比有利于高储蓄率，形成资本积累。而我国较早地进入人口老龄化社会，二元经济发展时期已经形成的"未富先老"特征，产生了诸多不利影响。

第一，劳动年龄人口占比下降，我国适龄劳动人口的比重于 2010 年达到峰值，此后出现下降，劳动力供给越发短缺，劳动力成本必然上升，逐渐丧失低劳动力成本优势。

第二，抚养比上升，抚养负担加重，社会保障支出增加。这些就会导致高储蓄、高投资和高增长局面发生逆转。进入人口老龄化后，储蓄倾向较高的适龄劳动人口下降，而消费倾向较高的老年人口比重上升，将导致储蓄率水平的趋势性下降。老龄人口比重大，社会抚养比或劳动力人均负担高，整个社会难以形成较多的储蓄。我国全社会基本养老保险基金支出呈现大幅快速增长趋势，需要政府和企业调整支出，支撑投资的内部资源减少，投资水平可能会出现下行的压力。根据国家统计局官方数据库统计，2000—2011 年我国投资率呈现上升的趋势，但 2012—2020 年投资率逐渐下降。我国呈现储蓄率下降、高投资模式难以持续。投资水平下降，新增产能减少，经济增长率下降，无法扩大就业，从而会阻碍农村劳动力向城市和非农产业转移。

第三，大批农民工进入城市，促使农村老龄化程度较为严重。2000 年我国城镇 60 岁以上人口占比为 9.67%，农村为 10.89%，到 2010 年，城镇老龄化水平提高了 2.02 个百分点，而农村则提高了 4.09 个百分点。根据《2020 年中国人口与就业统计年鉴》相关数据计算，2019 年农村地区的人口老龄化率已达 20.84%，比城市地区高了 4.76 个百分点。由此可见，我国农村地区人口老龄化速度快，深度老龄化和超级老龄化急速发展的现象非常突出。[1] 根据

---

[1]　王红霞：《乡村人口老龄化与乡村空间演进——乡村微观空间视角下的人口老龄化进程探究》，《人口研究》2019 年第 5 期。

相关研究,人口老龄化的城乡差异持续扩大的态势还将继续①,乡村振兴谁是主体,城乡二元经济转型的根基在哪里,面临着巨大的挑战。

二、国际竞争加剧及其影响

当前百年变局深入发展,世纪疫情仍在蔓延,地缘动荡持续发酵,各国复苏和可持续发展艰难曲折。随着我国进入二元经济转型中后期,刘易斯第二转折点的临近,中国经济发展面临着新一轮科技革命和新一轮全球化的国际环境,即在第四次工业革命②兴起之后,以及面临着正在到来的全球化 4.0 时代③,

---

① 城乡老龄化人口差距扩大的趋势估计约到 2036 年前后将会缩小。参见童玉芬、李玉梅、刘传奇:《我国城镇化进程中的城乡人口老龄化趋势及政策启示》,《人口与经济》2014 年第 6 期。

② 第一次工业革命大约发生在 1760—1840 年,以使用水和蒸汽动力进行机械生产为特征;第二次工业革命始于 19 世纪末并延续到 20 世纪初,以使用电力进行大规模生产为特征;第三次工业革命始于 20 世纪 60 年代,以电子信息技术促进自动化生产为特征。21 世纪以来人类开始进入第四次工业革命,这打破物理、数字和生物边界的革命,表现为互联网无处不在,移动性大幅提高;传感器越来越小,性能却越来越强大,成本日益低廉;人工智能和机器学习方兴未艾;以及内涵更为广泛的方面。参见[瑞]克劳斯·施瓦布:《第四次工业革命:转型的力量》,世界经济论坛北京代表处、李菁译,中信出版集团 2016 年版,第 4 页。

③ 托马斯·弗里德曼(2008)把全球化进程划分为 3 个伟大的时代:第一个时代(全球 1.0 版本):从 1492 年持续到 1800 年,这一阶段的全球化从哥伦布起航开启世界贸易开始,由"国家"的力量在拓展;第二个时代(全球 2.0 版本):从 1800 年左右一直持续到 2000 年,这一时期"跨国公司"扮演着全球化的重要角色;第三个时代(全球 3.0 版本):2000 年至今,这一时期的全球化将以个人为主,在全球范围内合作与竞争以至将世界变为平地。克劳斯·施瓦布(2019)、檀有志(2021)、王耀辉(2019)、邵宇与秦培景(2016)等学者认为目前世界正在进入全球化 4.0 时代,这是一个碰撞的时代,也是一个层出不穷和前所未有的挑战时代,包括人工智能、大数据、自动化、未来的网络与虚拟经济,新的地缘政治。再加上新冠疫情在全球范围内持续发酵,深刻影响和改变国际政治经济格局与人类社会生活;全球数字经济在国民经济中的权重持续上升,数字化转型广被视为实现国家治理体系和治理能力现代化的战略支撑,以及优化营商环境和推动经济社会高质量发展的战略引擎。全球化 4.0 时代被看作是人类新的发展阶段,"人类命运共同体"亟待构建,中国将逐渐打破美国为主导全球化 3.0 时代。全球化 4.0 的核心是有赖于国家间数字和虚拟系统的互联互通以及相关理念和服务的流通。参见[美]托马斯·弗里德曼:《世界是平的:21 世纪简史(3.0 版本)》,何帆、肖莹莹、郝正非译,湖南科学技术出版社 2008 年版,第 9 页;[瑞]施瓦布:《中国在全面塑造全球化 4.0 中发挥着核心作用》,《21 世纪经济报道》2019 年 4 月 26 日;檀有志:《全球化的阶段性特征及未来方向》,《人民论坛》2021 年第 13 期;王耀辉:《全球化 4.0 时代已拉开大幕》,《北京青年报》2019 年 1 月 27 日;邵宇、秦培景:《全球化 4.0:中国如何重回世界之巅》,广西师范大学出版社 2016 年版,第 4—6 页。

中国充分抓住机遇,并已成为其中不可忽视的推动力量,中国与发达国家的发展差距不断缩小,作为全球第二大经济体,不仅面临着与发展中国家的低成本竞争,更受到发达国家的日益严重的贸易壁垒,难免与发达国家与发展中国家产生矛盾与冲突。

(一)与发达国家的竞争:国际贸易摩擦

目前中国已接近刘易斯第二转折点,工农业部门劳动力工资上升更快、更高,我国产业结构向技术密集型产业转型升级是发展规律。一个经济体在发展过程中,基于要素禀赋基础上的比较优势的作用越来越弱,而基于科技实力基础上的竞争优势越来越起主要作用。这就要求我国必须加强科技创新能力,加快高新技术产业的发展。而这与欧美再工业化所引起的国际产业结构调整存在较大的重叠,由此必然导致在新能源、高新技术等领域国际竞争更为激烈,贸易摩擦加剧,全球价值链将重新配置,我国参与国际分工的模式也将发生改变。我国将受到越来越多的投资限制,这会延缓我国制造业升级的进程,削弱我国制造业的竞争力。

(二)来自发展中国家的挑战:劳动力成本优势逐渐消失导致吸引外资减少

随着我国劳动力低成本优势逐渐消失,很多劳动密集型企业开始陆续将工厂转移到成本更低的其他发展中国家,或者直接绕过中国而在这些发展中国家开始建立工厂。中国企业,特别是中小企业在与东南亚为代表的发展中国家竞争中,可能会因为失去优势而破产、减产,从而削弱经济发展的动力,难以吸纳大规模的农村劳动力非农和城镇化就业。

由此可见,中国面临着来自发达国家和发展中国家两方面的激烈竞争,欧美国家再工业化和全球贸易摩擦,还有东南亚国家的劳动力成本优势的引资压力,这必然会对中国企业的快速成长发展形成阻碍,进而会遏制中国二元经济转型的进程。

三、新冠疫情及其影响

新冠疫情是人类有史以来的一次重大灾难,在全球广泛流行传播,产生的政治、经济、社会和国际影响大大超过 2008 年的国际金融危机。作为人类有史以来遭遇的最为严重的全球突发公共卫生事件之一,疫情的影响最先表现为对供给端的影响,劳动力行为受限,进而形成需求冲击,投资、消费、出口收缩,供给和需求双重冲击引发经济衰退。[①] 与此同时,疫情也引发了全球性治理危机,而且对人类社会发展理念与发展方式产生了巨大影响。虽然我国是疫情期间全球第一个重启的国家,率先实现经济增长由负转正,但疫情对经济造成的影响极为深远,且这种影响还将持续,影响着产业结构、就业结构,制约着投资与消费,必将阻碍我国二元经济转型的步伐,必须进行供给侧结构性改革减缓其不利影响。

(一) 新冠疫情导致有效需求不足

疫情首先制约了人的行为能力,消费行为受到制约,再加上经济收缩,居民收入下降,消费能力再次受到制约,最终消费支出对国内生产总值增长贡献率这一指标从 2018 的 64%、2019 年的 58.6% 陡崖式下降到-6.8%。疫情状态下,生产要素流动受到限制,投资减少。国外疫情越发严重,有些国家的疫情肆虐式发展,商品的进出口也受到制约。总之,新冠疫情导致我国有效需求不足,国内生产总值的增长率从 2019 年 6.0% 下降至 2020 年的 2.2%,2021年经济增长有所恢复。国内生产总值比 2020 年增长 8.1%,两年(2020 年、2021 年)平均增长 5.1%。2022 年第一季度,新冠疫情在全国各地再次反复,面对国际环境更趋复杂严峻和国内疫情频发带来的多重考验,消费、投资、出口受到很大影响,该时期国内生产总值增长率降为 4.8%。

---

① 黄群慧:《新冠肺炎疫情对供给侧的影响与应对:短期和长期视角》,《经济纵横》2020 年第 5 期。

有效需求不足将会阻滞二元经济转型进程。一方面,有效需求不足可能致使宏观经济出现市场信息不完善的现象,向市场传递的信号失真,这种信号会在经济中累积和放大,最终致使供给结构和需求结构发生相背离的严重扭曲,长期更会影响供给结构,或出现严重的供给过剩,二元经济转型难度增大。另一方面,目前全世界都处在后经济危机时代和疫情影响导致外需减少等多种因素制约,再加上我国收入分配差距大、社会保障制度不完善以及国际市场竞争加剧,居民缺乏消费愿望和能力,从而企业缺乏投资机会和资金,这不仅会影响对农业剩余劳动力的吸收,居民收入水平降低,消费意愿和能力进一步下降,也无法为加快跨越刘易斯第二转折点提供有效需求的支撑和推动力。

(二) 新冠疫情对产业及其升级的影响

新冠疫情促使消费需求骤减,文化旅游、交通运输、住宿餐饮服务、休闲娱乐、教育培训等服务性行业首当其冲,因而第三产业的直接损失最大,很多中小企业破产、倒闭。疫情对"三农"的影响也是深入且持续的,从要素流动效应看,农民工外出务工受阻,失业风险增加,城市资本下乡速度放缓;从产品供给效应看,农业生产性服务和鲜活农产品供应等受到较大影响,农业生产成本上涨、经营风险加剧;从消费引致效应看,农民的农业收入和非农收入水平不高,消费能力不足,农村市场难以活跃;从公共治理效应看,乡村产业发展受到较大冲击,疫情面前也暴露了农村公共服务的短板,个别农村地区地下管网的缺失也加大了疫情下的治理难度。而农业作为国家的第一产业的经济功能弱化,关乎生存保障、粮食安全、生态文化、社会保障的社会功能更加凸显,农村作为社会稳定器的作用再一次强化。在工业方面,在现代全球价值链分工体系下,对制造业的影响较为巨大,我国工业增加值占全球工业增加值比重近1/4,在全球中间品市场的份额高达1/3[①],能够感知到在全球供应链链条下对

---

① 蔡婷贻、王晓霞、降蕴彰、金焱:《全球供应链波动:脆弱与韧性》,《财经》2020 年第 5 期。

我国制造业的冲击,这不仅会进一步影响生产力的发展,也影响着劳动力的吸收,全社会就业压力进一步增大。

疫情推动了新产业、新业态、新模式的加速发展,尤其是给数字经济带来新的机遇。疫情冲击不仅倒逼市场主体的数字化转型,而且促进产业向着智能化、数字化转型升级。未来社会的智能化程度将会更为普及:远程在线商务办公;人工智能技术在政府治理和社区管理方面的应用;互联网与教育、医疗、金融、交通等服务领域深度融合的生产性服务领域,电商直播、在线办公与教育、远程问诊;大量"无接触式服务"模式,"宅经济"迅速发展,互联网、人工智能和消费服务业深度融合的生活性服务行业;智能农业;工业互联网、云制造平台、工业机器人得到应用的生产制造领域……层出不穷的新经济、新业态如雨后春笋般涌现。

(三)新冠疫情对就业的影响

新冠疫情全球迅速蔓延导致服务业受损最为严重,吸纳就业能力降低;疫情对中小企业的影响更为严重,而中小企业多数又属于劳动密集型行业,据统计,我国民营企业贡献了80%以上的城镇劳动就业[①],其对就业的带动作用远大于其产值贡献。

就业形势更加严峻。"十四五"期间强化就业优先政策,推动形成高质量发展与就业扩容提质互促共进的良性循环。应届大学毕业生的就业工作是一大难题,每年毕业生规模持续增加,2022届高校毕业生规模预计1076万人,同比增加167万人,规模和增量均创历史新高。就业的结构性矛盾尚未得到根本缓解,存在"就业难"与"招人难"并存的现象,不同专业、行业和地区间用

---

① 中共中央统战部原副部长冉万祥指出民营经济对经济社会发展作出的贡献,用"56789"来概括,即税收贡献超过50%,国内生产总值、固定资产投资、对外直接投资均超过60%,高新技术企业占比超过70%,城镇就业超过80%,对新增就业贡献达到90%。参见冉万祥:《民营企业的作用和贡献可以用"56789"来概括》,新华网,见 http://www.xinhuanet.com/politics/19cpcnc/2017-10/21/c_129724207.htm。

人需求差异较大。2022 年,教育部启动实施相关计划,确保高校毕业生实现更高质量就业。

从就业群体的角度分析,受疫情影响最大的是农民工。农民工收入水平与社会保障程度低,这一群体多就业于中小微企业,疫情对其就业需求的影响较大。人工智能、大数据、云计算和互联网等新兴技术的广泛应用;在形成新的就业机会的同时,也提出更高的要求,农民工人力资本水平较低,是无法加入疫情影响下逆势上扬的新产业的。2020 年中国农民工总量为 2.86 亿人,高中及以上文化程度的农民工仅占农民工总数的 28.9%;在第三产业就业的农民工比重为 51.5%。2020 年农民工的务工时间普遍减少 30—60 天①,失业风险显著增加。由此可见,无论是从受教育水平的角度分析,还是从就业的行业分布考察,疫情对农民工就业的影响都远大于城镇居民。

---

① 魏后凯、芦千文:《新冠肺炎疫情对"三农"的影响及对策研究》,《经济纵横》2020 年第 5 期。

第五章　二元经济转型视域下供给侧结构性改革的重点

第一节　改革思路方向：加快向创新型发展方式转变

供给侧结构性改革实施七年来，对缓解二元经济结构、促进城乡融合发展产生了积极的作用。当前我国正处于最为关键的二元经济转型中后期，要把供给侧结构性改革作为今后我国二元经济转型的主线。本部分突出问题导向，从二元经济转型面临的诸多症结性问题出发，提出了未来一段时间内深化供给侧结构性改革的三大重点领域：改思路方向，加快向创新驱动型发展方式的根本转变。以此为指引，在改要素供给方面，推动城乡要素有序流动；在改产品供给方面，提高供给的质量和效率。本节主要内容集中在二元经济转型视域下供给侧结构性改革的思路方向：加快向创新型发展方式转变。

一、向创新型发展方式转变至关重要

（一）一般性理论分析：向创新型发展方式转变的必要性

由于二元经济转型不同阶段的要素禀赋和需求结构不同，适应生产力发

展的发展方式也不相同。从二元经济转型视角分析,要素投入型发展方式与二元经济转型初期和刘易斯转折阶段的经济发展还有一定的适应性。①

　　根据理论部分分析的二元经济转型不同阶段供给侧结构性改革的路线选择。一般来说,二元经济转型初期的发展方式表现为以劳动要素投入为主的要素驱动型特点;刘易斯转折阶段表现为以资本要素投入为主的要素驱动型特点;当二元经济转型进入刘易斯第二转折点,经济发展方式通常会完成从要素驱动型向创新驱动型转变。当前,刘易斯转折阶段是二元经济转型的关键性阶段,虽然这一阶段经济发展方式从总体上看仍属于要素驱动型发展方式,但从二元经济转型动态演进的角度分析,这一阶段是从要素驱动型向创新驱动型发展方式的转变阶段,若经济体能在刘易斯第二转折点之前完成发展方式的转变,该经济体就能够跨越中等收入陷阱,进入发达经济体行列,完成二元经济转型。这是因为,其一,进入刘易斯第二转折点,工资决定机制的变化会导致劳动者工资水平出现较大幅度的上涨,如果不能通过技术创新提高劳动生产率,用工成本的上涨就会通过规模效率和替代效应减少影响非农产业对劳动力的需求,进而影响工业化、城镇化和农业现代化进程;其二,经过二元经济转型初期和刘易斯转折阶段要素驱动型经济增长,一方面随着经济增长,农业与非农业发展对资源需求也不断攀升;另一方面高投入、高耗费的要素驱动型经济增长导致资源与环境的约束更加突出。如果不能通过技术创新降低资源消耗,经济可持续发展就难以为继;其三,进入二元经济转型中后期,发展中国家与发达国家的发展差距缩小,会使国际市场竞争更加激烈,来自发达国家对后起工业化国家的贸易壁垒会更加严重,国际贸易摩擦会更突出。由于发展中国家在刘易斯转折阶段通常都会采取出口导向政策,以缓解国内市场需求不足对经济增长的约束。

---

　　①　也正是这种适应性,才有了改革开放以来年均实际经济增长速度高达 9.3% 的高速增长。

（二）特殊性国情分析：向创新型发展方式转变的重要性

我国早在二元经济转型初期（1995 年）就提出由粗放型经济发展方式向集约型发展方式转变，当前我国已转向高质量发展阶段，二元经济转型进入中后期，发展方式转变的任务仍未完成。据测算，1978—2007 年中国全要素生产率对经济增长贡献率为 23.33%，2008—2018 年全要素生产率对经济增长的贡献率甚至降低至 20% 以下。① 为什么经历了如此长的时间发展方式还未能发生根本性转变？分析其原因，发展方式具有历史性特点，只有与特定发展阶段的要素禀赋、需求结构相契合，才能适应生产力发展水平，进而促进社会生产力的发展。

根据本书对中国二元经济转型的阶段性判断，中国自 2005 年左右进入刘易斯转折阶段，将于 2030 年左右进入刘易斯第二转折点。刘易斯第二转折点的临近，中国劳动力成本上涨的压力逐渐加大。长期以来要素驱动型发展方式，在推进经济高速增长的同时，也导致了资源环境成本的不断攀升，随着我国进入高质量发展阶段，资源环境约束更加强化。改革开放以来，中国积极合作融入现代世界工业体系，形成了出口导向型发展模式，以劳动力低成本的比较优势，通过引进技术、引进外资、引进管理等后发优势，向世界市场提供了大量的优质廉价商品，弥补了国内市场需求的不足。但是，随着我国进入二元经济转型中后期，刘易斯第二转折点的临近，在第四次工业革命兴起之后，以及面临着正在到来的全球化 4.0，中国的发展势不可挡，中国与发达国家的发展差距不断缩小，作为全球第二大经济体，不仅面临着与发展中国家的低成本竞争，更受到发达国家的日益严重的贸易壁垒，近期美国通过对中国的贸易制裁来遏制中国的发展，成为发达国家与中国贸易摩擦的升级版。国际市场竞争的加剧，新冠疫情的影响使我国外部需求持续减弱。除了上述临近刘易斯第

---

① 张平、楠玉：《改革开放 40 年中国经济增长与结构变革》，*China Economist* 2018 年第 1 期。

二转折点各国都会面临的上述共性问题外,中国特殊国情和二元经济转型的特殊路径,促使我国转型中供给侧出现问题,面临的资源环境与市场需求的约束更加严重。当时中国正处于由高速增长阶段向高质量发展阶段转变的关键时期,面临着资源环境压力、产能过剩、经济结构升级等一系列挑战,中国迫切需要转变发展方式,实现创新驱动和可持续发展。

1. 创新型发展方式有助于解决资源环境压力过大问题

中国在经济增长过程中积累了大量的资本和劳动力优势,但也出现了资源消耗和环境破坏等问题。这种模式在资源和环境压力下变得不可持续。传统发展模式已经难以为继,只有通过创新型发展方式,通过技术进步和节能减排,才能实现资源的高效利用和环境的可持续发展。这样的转变不仅有助于改善人民生活质量,更能保护生态环境和可持续利用资源。

2. 创新型发展方式有助于扩大国内需求

当前,我国内需不足,经济增长较为乏力。从二元经济发展进程来看,我国二元经济转型中农民工只是完成了从农民到工人的职业转变,却没有实现由村民到市民的身份转变。不仅在于他们消费方式、消费习惯仍停留在自给性很强的乡村方式,而且农民工群体社会保障覆盖面窄、社会保障水平低,严重束缚了他们的消费需求。我国人口老龄化加速到来,与其他国家相比,我国人口老龄化比刘易斯第一转折点到来的时间还要早,劳动力成本上升的压力更加严重。推进创新型发展方式转变能够推进产品创新,市场中更加丰富的商品,另外通过制度创新,促进公共服务均等化,促进农民工社会福利的提升,保障农民工的基本权益,进一步激发人们的消费欲望,进而有助于扩大国内需求。

3. 创新型发展方式对提升经济竞争力和实现可持续增长至关重要

中国正面临着经济结构调整和产业升级的任务。传统的低技术含量和低附加值产业已经无法满足人民日益增长的多样化需求。而创新型发展方式可以通过引入创新技术和知识产权保护,企业可以提高产品质量和附加值,并进一步扩大市场份额,培育高技术、高附加值的产业,提升产品质量和国际竞争力。同时,通过创新和科技进步,可以缩小与发达国家的差距,使中国在全球价值链中发挥更重要的作用,进一步促进产业结构升级和经济的结构调整,推动经济向高端、智能化、绿色和可持续发展方向升级。

4. 创新型发展方式对提升国家综合实力和国际竞争力也非常重要

在全球经济体系中,创新已成为国家核心竞争力的源泉。创新已成为国家核心竞争力的源泉,中国需要通过创新提高科技水平、知识产权保护和商业模式创新,以在技术、科学、文化等领域取得领先地位。通过创新,国家可以在技术、科学、文化和其他领域取得领先地位,提升国际话语权并在全球价值链中扮演更重要的角色。中国正努力提高国家综合实力和国际竞争力,这样不仅可以提升国际话语权,还有助于推动中国经济由"中国制造"向"中国创造"转变,实现从世界工厂到世界创新中心的跨越。

综上所述,结合当时中国所处的发展阶段,中国向创新型发展方式转变的重要性主要体现在解决资源环境压力、促进经济结构调整、提升国际竞争力等方面。这种转变需要政府加大改革力度、加强创新环境建设、培养更多的创新人才等多方面的支持和努力。只有通过创新,中国才能实现可持续、高质量和高效益的发展。

二、加快向创新驱动型发展方式转变的思路方向

二元经济转型中后期,要求加快从要素驱动型向创新驱动型发展方式的根本转变。二元经济转型初期和刘易斯转折阶段支撑中国经济增长的低人力成本、低资源环境成本和外需对接的传统优势已经发生改变,供给侧结构性改革应着眼于提高全要素生产率,深化体制机制改革,推动发展方式转变,培育新的增长动能,防止"逆熊彼特化",途径是制度创新和技术创新。

(一)促进科技创新能力的提升

第一,增加研发投入。政府可以增加对科研机构、高等教育机构和企业的

科研经费支持,鼓励企业加大自主创新的研发投入。第二,强化科研机构的作用。提升科研机构的科研能力和水平,鼓励开展前沿科技研究,培养高水平的科研人才,推动科技成果转化为生产力。第三,优化科研评价机制。建立和完善科研项目评价机制,鼓励高水平科研成果的产出和应用。

(二) 建立良好的创新环境和政策支持

第一,优化创新政策。推动出台适应创新驱动发展的政策法规,降低创新成本,简化创新项目的审批程序。第二,加强知识产权保护。建立健全的知识产权保护制度,加大对知识产权的保护力度,鼓励企业进行技术创新和知识产权的研发和运用。第三,打造创新创业平台。建立国家级和地方级的创新创业孵化基地,提供创新创业的支持和服务,帮助创新型企业快速成长。

(三) 推动产学研合作和科技成果转化

第一,加强企业与高校、科研机构之间的合作。建立长期稳定的产学研合作机制,鼓励企业与高校、科研机构开展科技项目合作,加强科技成果的转化和应用。第二,支持技术转移和转化。完善技术转移机制,鼓励科技成果转化为产品和服务。第三,建立创新创业孵化基地,提供创新创业的支持和服务。

(四) 培育创新型企业

第一,鼓励创新创业。提供创新创业的政策和金融支持,降低创新创业的门槛,帮助初创企业快速发展,加强创新型企业的培育和孵化,推动创新型企业的成长和壮大。第二,完善风险投资体系。建立和健全风险投资体系,鼓励风险投资支持创新型企业,提供创新创业的政策和金融支持。

(五) 拓展国际合作

加强国际科技创新交流与合作,主要是积极参与国际科技创新合作,吸引国际创新资源和人才,加强与其他国家和地区的科技创新交流与合作,推动国际科技成果的共享和应用。

第二节　改革要素供给:推动城乡要素有序流动

从理论层面分析,二元经济转型过程是要素在城乡间的流动与优化配置过程,城乡间的要素流动有助于提高要素配置效率。但实践层面,我国二元经济转型进程中,农产品、工业品等市场的市场化进程发展迅速,促使我国城乡微观主体的自发交往变得频繁起来,极大地促进了城乡两部门之间的融合。然而,在土地、资本、劳动力等上游市场领域,城乡生产要素市场化改革相对迟滞,抑制了城乡之间的经济交往。整体上看,城乡要素市场化改革滞后于产品市场化改革。因此,本节提出二元经济转型中我国供给侧结构性改革的重点就是推动城乡要素有序流动,实现生产要素的市场化最优配置,尤其要加快培育新型生产要素在城乡二元经济转型的乘数作用。

一、二元经济转型过程是要素在城乡间的流动与优化配置过程

事实上,一个经济体的二元经济转型过程,不仅是农业劳动力乡城间非农转移的过程,也包括资本、土地在内的生产要素在城乡间的流动与配置过程。但经典的二元经济理论模型,均未将城乡间资本要素流动纳入二元经济理论分析框架,更没有涉及二元经济转型中土地要素在城乡间的再配置问题。

费景汉和拉尼斯(2004)分析了与农业剩余劳动力转移相关的商品、金融、劳动力三个市场之间的相互关系,把资本流动引入二元经济转型分析。在劳动力市场上,农业剩余劳动力流入城市非农产业,获得由农业平均产出所决定的生存工资。在部门间的商品市场上,农民出售剩余农业产出;城市工人则用生存工资购买农产品以满足其生存需求。农民出售剩余农产品所获得的收入,一部分购买生活消费品和农用生产资料,另一部分形成农业储蓄。在金融

市场上,城市工业投资源于资本家的利润和农业部门的储蓄。由于二元经济转型初期,工业部门相对弱小,农业部门在国民经济中占有较大比重,现代工业的发展必须依靠农业部门提供大部分储蓄基金。随着生产性非农业资产的取得,农民不仅有了资本积累的来源,更形成了资本积累的倾向。二元经济转型中农业劳动力的转移,不仅促进了现代工业部门的快速扩张;而且改善了农业资源的配置效率,有利于推动农业农村现代化。概言之,一个经济体二元经济转型过程,也是其工业化和农业现代化的发展过程。

但是迄今为止,既有文献很少研究二元经济转型中土地资源的配置问题。事实上,一个国家或地区的二元经济转型过程不仅是其工业化与农业现代化的过程,也是其城市化的发展过程。在这一过程中随着农业人口的非农化城乡转移,也必然会发生人口及其他生产要素在城市的聚集。这是因为土地是人类生产与生活的空间载体,任何国家的城市化都包含着"人口城市化"和"空间城市化"两个维度。从社会生产的角度看,土地不仅是农业生产的基本条件,其可持续利用直接关系人类的生存与发展;工商业生产与经营活动也必须有相应的土地资源相匹配,无论是制造业还是服务业发展,都需要一定数量的厂房、办公场所、机器、设备,上述设施无不需要相应数量的土地作为建设与承载基础。从人类生活的角度看,无论农村居民还是城市居民都需要相应的居住场所,不论住房的集中化程度如何,住房建设总是要有相应的土地作为载体。从人类生产与生活的综合角度看,无论是生产活动还是社会生活,都需要有相应的道路、桥梁等基础设施,以方便人们的出行、交易以及社会交往。这些生产与生活的基础设施也必须以相应的土地作为空间载体。

在二元经济转型过程中,农业劳动力和农业人口逐渐从农业和农村转移出来进入城市从事工业与商业活动。随着农业劳动力和农业人口的非农化城乡迁移,城市土地规模会发生相应的变化,土地利用性质也要进行相应调整。二元经济转型中土地资源的配置表现为,随着农业劳动力的非农化城乡迁移,土地资源在城乡间以及城市与乡村内部重新配置。土地资源的城乡间配置,主要表现为原有城市的空间扩张和原有乡村由于人口与非农产业聚集成为新的城市。无论是原有城市的空间扩张还是新的城镇形成,都会涉及土地资源由农业用途转为非农用途。概括分析,土地资源的城市内部配置,主要是随着城市规模的扩大,土地资源在大中小城市与小城镇间的配置;土地资源的乡村内部配置,主要是指在二元经济转型过程中,由于农业劳动力非农化的乡城迁移,土地资源在不改变农业用途条件下的重新配置过程;土地资源在乡村内部的再配置,通常会促进农业规模经营,促进农业现代化进程。①

当前,我国实行供给侧结构性改革的重点是打通要素流动通道。② 二元经济转型过程是要素在城乡间的流动与优化配置过程,因此,二元经济转型视域下供给侧结构性改革更需要城乡间生产要素的自由流动,才能实现生产要素的优化配置,进而促进城乡融合。

二、推动城乡要素有序流动的思路方向

在城乡一体化发展中,劳动力、土地等传统生产要素受到制约,抑制了城乡融合和与乡村振兴相互促进。在二元经济转型中,新型生产要素不能走传统生产要素的老路,要推动数据作为新要素对其他要素再配置产生的催化作用,充分发挥其在乡村振兴、在城乡融合发展中的乘数效应。在数字经济时代,发挥数据在城乡二元经济转型中的突出作用,积极释放并抓住数据要素红利。重点方向体现在:第一,要通过加快城乡数据确权、数据资产化、数据流通交易、构建数据监管治理体系,通过数据在不断被生产、加工、传输和使用过程中产生价值,并参与价值的分配,推动数据动能更加澎湃,让数据红利更加普惠、更加安全、更加可持续。第二,在乡村振兴中,以数据生产要素打通农业的生产、分配、流通、消费各环节,以农业遥感、生物感知等为重点,实现农产品溯

①　张桂文、周健:《制度变迁视角下的中国二元经济转型》,社会科学文献出版社 2021 年版,第 81 页。

②　刘世锦:《供给侧改革重点:打通要素流动通道》,《经济参考报》2015 年 12 月 10 日。

源与全方位跟踪,通过机械、生物化学以及人工智能等技术提高农业劳动生产率,加快智慧农业发展,实现数据生产要素在内的城乡资源要素平等流动互通。第三,充分激活城乡数据生产要素,改善城乡产业融合的营商环境,在智能政府治理、智能监管等方面全面提升城乡融合发展的势、能、策。第四,使数据生产要素在民生领域发挥作用,推进城乡公共服务一体化。第五,以数字实践促进城乡融合发展。以人工智能为重点,弥补乡村发展的生产、生活、生态的短板,以促进城乡两端要素市场流通与城乡繁荣,消弭城乡数字鸿沟。

第三节 改革产品供给:提高供给的质量和效率

通过前面的理论分析可知,不能仅从供给一方来孤立地理解供给侧结构性改革,要在供给与需求相互依存、相互影响关系中加以理解并加以实施,要在供给与需求的相互关系中来把握。实施供给侧结构性改革的目标之一就是要通过提高供给质量、优化和升级供给结构,通过高质量发展把需求潜力释放出来,使生产需要和居民生活需要更多地转化为有效需求,使供给在总量上和结构上与需求的发展变化相适应,通过深化供给侧结构性改革稳定总需求,优化总需求结构,促进总需求适度增长,使总需求与总供给在动态上保持协调匹配。

一、市场需求呼唤供给质量和效率的提高

经过新中国成立后七十余年的建设,我国已稳居世界第二大经济体,进入中高收入国家行列,居民消费将更多地从生存型升级到发展型和享乐型。从恩格尔系数来看,2015—2020 年我国居民恩格尔系数平均值为 29.24%,接近联合国划分的 20%—30% 的富足标准,人均 GDP 超过 1 万美元,消费者对衣、食、用等基本生活必需品的消费转向追求品种、品质、品牌,注重安全、健康等。

从农业发展看,要不断满足城乡居民对农产品和农业的高品质、多样化需

求。经过改革开放四十余年的转型发展,我国早已扭转了主要农产品供给短缺的局面,农产品的总量扩张已不能完全带来农业收入的相应增长。要增加农民收入,改善农村生产和生活条件,必须根据市场需求的变化对农业生产结构进行战略调整,发展高效绿色种植业和养殖业,构建立体化的现代农业产业体系。农产品的质量亟待提升,农产品的绿色安全、有机高端、个性化与品牌化需求快速上升。总言之,农业发展方式必须转变。发达国家农业发展的历程表明,随着科技的进步和人们消费需求的变化,农业的内涵及形态也发生着巨大的变化。不仅种植业,甚至传统的大农业——农林牧渔业,也难以涵盖现代农业体系,农业与制造业、服务业间的联系日益紧密,人们对农产品的需求也发生了重大变化,人们不仅要吃饱,更要吃好、吃得营养、方便、安全;不仅要穿暖,还要穿得舒适,美观、体现个性;不仅要求享受现代城市文明,还要体验乡村生态文明。这就需要以市场需求为导向,不仅要深化农业供给侧结构性改革,走质量兴农之路,而且要加快补齐农村基本公共服务供给的"短板"。

二、提高供给质量和效率的思路方向

在市场需求上,我国当前市场呼唤供给质量和效率的提高,在实际供给上,我国绿色优质农产品多元化供给有待于提升,城乡公共资源分布不均。要促进城乡融合发展与乡村振兴,我国实施供给侧结构性改革必须在农产品供给、城乡公共服务和基础设施均衡配置的制度安排上作出重大突破,转变农业发展方式。

第一,在农产品供给方面,深入推进农业供给侧结构性改革,向着绿色、安全、有机、高端、个性化与品牌化需求转变。鼓励农民参与农业科技创新。通过加大科技研发投入,培养高水平的农业科技人才,引导农民运用先进的农业技术和管理方法,提高农产品的质量和产量。推动农业绿色发展。加强环保意识,采用生态友好的农业生产方式,减少农业污染,提高农产品的安全和环境可持续性。促进农产品品牌化与个性化。通过优质农产品的品牌塑造和市场营销,满足不同消费者的多样化需求,提高农产品附加值和竞争力。

　　第二,城乡公共服务和基础设施均衡配置方面,要妥善处理好中央政府与地方政府的关系,加快补齐农村基本公共服务供给的"短板"。加大投资力度。加大政府资金投入,提高农村公共服务设施和基础设施的建设和改善,缩小城乡差距。完善政策机制。建立健全的农村公共服务和基础设施供给机制,确保农村居民能够享受到与城市居民相当的公共服务水平。加强地方政府责任。明确中央政府和地方政府的权责,加强地方政府在农村公共服务和基础设施建设上的责任,加快补齐农村基本公共服务供给的"短板"。

第六章　二元经济转型视域下供给侧结构性改革的对策探讨

　　经过改革开放四十余年的转型发展,我国已进入二元经济转型中后期,供给侧结构性改革的重点既要改思路方向,也需要在要素、产品等供给领域作出安排部署。改革思路方向就是要推动发展方式由要素驱动向创新驱动转变;从要素端发力,就是要改革不合理的制度约束,改革生产要素配置制度,形成公平竞争、促进企业健康发展的制度环境,促进各种要素资源自由流动,提升资本、技术、劳动力等要素使用效率,加快推动数据要素乘数效应的发挥;提高产品质量效率也要在健全城乡融合的制度安排下,在全面推进乡村振兴战略的统筹下去实现。可见,制度供给是二元经济转型视域下供给侧结构性改革的主要方面,要向改革要动力,通过制度创新,能够为其他方面的改革提供支撑和保障。通过推进供给侧结构性改革,可以实现制度的有效供给和执行,降低制度性交易成本,全方位释放制度红利,从而助推城乡二元经济转型。与此相对应,遵循系统性、制度性、整体性、可行性、协同性、差异性的原则,本章二元经济转型视域下供给侧结构性改革的对策在把握方向和厘清思路的基础上,既立足当前又着眼长远地"对症下药",聚焦创新型发展方式的转变、城乡融合发展的制度安排、日益突出的农业转移人口非市民化负面效应三大方面,希望能对我国实现二元经济转型提供思路与启发。

第一节　加快向创新型发展方式转变，
突破二元经济转型双重约束

当前我国处于二元经济转型中后期，资源环境与市场需求约束强化，向创新型发展方式转变是突破资源环境与市场需求双重约束、促进经济实现可持续发展的主要途径。

一、推进自主创新型技术进步，形成创新型发展方式的核心动力

创新驱动型发展方式的核心是通过技术创新提高全要素生产率，以突破资源环境与市场需求的双重约束。技术创新，既可以通过改变生产函数，突破资源环境约束，也能够扩大市场需求，有助于突破经济增长的需求约束。经过四十余年的转型发展，与我国二元经济转型中后期发展阶段相契合，从工业化进程看，我国也已进入工业化后期发展阶段，改革开放以来以引进模仿和模仿创新的"干中学"为主要方式的技术进步，利用发达国家技术扩散效应节约了技术创新成本，使我国已具备较为完备的技术体系，以"干中学"为主要方式的技术创新，从国外引进的通常是同质性的成熟技术，由于技术的同质性特点，其大规模的普及与扩散，受到需求规模的限制，容易出现规模报酬递减。加快工业化进程促进二元经济转型的目标显然靠引进技术难以实现，也无法掌握"卡脖子"等高端科技发展的最新成果。为此，要重点做好以下工作：

（一）完善产权激励和市场激励机制

1. 完善产权激励

对自主创新进行激励的核心是自主创新的知识产权能够获得清晰界定与有效保护，使创新主体能够通过自主知识产权获得"垄断租金"。一是政府要

建立完善诚信体系,为健全知识产权保护提供相关制度安排与部署;二是提升知识产权认识,依法对侵犯知识产权行为进行惩处;三是打造第三方产权服务平台,为创新主体的知识产权交易提供咨询和中介服务。

2. 完善市场激励机制

推进自主创新型技术进步只有产权激励是不够的,要形成自主创新型技术进步的市场激励。一是放宽市场准入,简化项目审批手续,下放核准权限,让有自主创新动机者在高新技术领域获得进入市场的机会同时,降低交易成本。二是建立公开、公正、规范的政策扶持体系,通过市场化的方式使自主创新的外部效应内部化,需要建立公开、公正、规范的政策支持体系,让每一个市场参与者都明晰政府政策支持的重点、力度、条件要求和实施程序,并探索通过市场竞争的方式让最具自主创新资质的市场主体获得政策支持。

(二)加大对基础研究的支持力度

新发展阶段要在《基础研究十年规划》的基础上,在科技进步上放眼长远,注重基础科学的研究。

1. 构建长效机制,逐步提高投入

虽然我国 R&D 经费规模已达到世界第二位,但基础研究经费所占比重仅为 5.2%,不及美国、日本、俄罗斯、韩国的 1/2。[①] 我国应统筹布局基础研究计划体系,重点关注国家重要产业发展中的瓶颈制约,强化应用导向的基础研究工作,重点是强化激励引导,增加企业投入,鼓励社会捐赠、金融机构参与、基金建立等多渠道融入。

2. 加强人才培养,完善激励政策

培养造就世界一流的基础研究人才队伍,支持培养青年科学家和后备人才,推动学科交叉融合和跨学科研究,提供人才支撑。基于长期规划,更要布

---

① 中国科协创新战略研究院:《我国 R&D 经费的内部结构及国际比较》,《创新研究报告》2018 年第 35 期,见 https://www.sohu.com/a/240988863_468720。

局建设一批基础学科研究中心。

3. 支持基础研究,营造宽松环境

对基础人才的评价也应该有较大的宽容度和较长的周期,给从事基础研究的科研人员创造足够宽松的环境。营造有利于基础研究的生态环境,改革基础研究评价、选题机制和激励制度,强化基础研究的原创导向和对应用科学的支撑引领作用。赋予科研人员更大的人财物支配权和学术自主权,让他们从职称晋升、申请课题等事务性工作中解脱出来,为科研人员心无旁骛、潜心研究提供更好服务。

(三)注重协同创新,增强原始创新能力

自主创新型技术进步由于没有他人经验可供借鉴,具有不确定性强、异质性突出、高投入、高风险等特点。其一,需要整合企业、高校、科研机构,以及其他组织的创新资源,建立集成创新公共平台,优势互补、资源共享,形成高效运行的技术创新体系。其二,在整合创新资源、构建技术创新体系的过程中,要强化企业自主创新的主体地位,改变其重生产轻研究开发、重引进轻原始创新的普遍倾向,积极引导企业开展基础性、前沿性研究。其三,注重协同创新,共同突破关键技术瓶颈,增强原始创新水平。增强原始创新能力要在现代农业技术、最新互联网技术、新能源新材料技术、生态环保技术等领域开展协同创新,着力提升突破核心技术的能力,为经济可持续发展提供技术支持。

(四)强化创新成果的产业化应用

科技创新不仅要看研发投入,更要注重科技成果的产业化应用。目前,我国每年完成科研成果能够形成产业化经营的科技成果仅为 10%。[①] 为此,第一,要加强科技创新的市场导向,减少科技创新的无效投入;第二,加强高校和

---

① 王晶:《中国劳动力成本上升对产业结构升级影响研究》,辽宁大学出版社 2021 年版,第91 页。

科研院所与企业间的合作,使科研人员的创新思想、知识成果尽早进入技术研发和应用阶段;第三,加强创新链、资金链、产业链三大链条的合理整合,缩短创新成果的实践应用的时滞期,推进科技成果向现实生产力的转化。

二、促进产业结构优化升级,形成创新型发展方式的产业基础

推动创新驱动型发展方式转变,关键是通过自主创新型技术进步,改变经济发展的要素组合,提高全要素生产率。如果说技术创新为创新驱动型发展方式的技术支持、提供核心动力的话,那么产业结构升级则奠定了创新驱动型发展方式的产业基础。

受二元经济转型不同阶段的要素禀赋和需求结构的影响,二元经济转型初期产业结构表现为以劳动密集型产业为主;刘易斯转折阶段产业结构的特点是以资本密集型产业为主;二元经济转型后期产业结构则演变为以技术密集型产业为主。① 由于我国已临近刘易斯第二转折点,根据二元经济转型中产业结构的演变规律,我国产业结构也应在刘易斯第二转折点前后完成从资本密集型向技术密集型产业结构的转变。遗憾的是,迄今为止,我国产业结构还不具有技术密集型的特点,仍以资本密集型为主导。② 21 世纪以来,虽然我国高技术产业规模增长迅速,但从发展水平上看仍处于高技术产业的劳动密集环节。从高技术产业的生产规模上看,当前我国和美国高技术产业的增加值都在 5000 亿美元左右,但高技术产业的就业人数我国为 1300 万,美国为 180 万,美国高技术产业的劳动生产率是中国的 7 倍以上。③ 从总体上看,我国产业结构升级的任务十分艰巨。为了促进产业结构升级,为创新驱动型发

---

① 孙亚南、张桂文、郭玉福:《城乡二元经济转型中产业结构演变的规律与趋势研究——基于跨期国际比较的视角》,《经济问题探索》2019 年第 1 期。

② 张桂文、孙亚南:《人力资本与产业结构演进耦合关系的实证研究》,《中国人口科学》2014 年第 6 期。

③ 刘世锦:《老经济与新动能——中国经济增长十年展望(2017—2026)》,中信出版集团2017 年版,第 120 页。

展方式奠定产业基础,我国应立足自主创新,提升技术密集型产业、知识密集型产业的比重,提高产业附加值和我国在国际分工中的地位。

(一)拓展创新发展空间,完善创新生态

在第四次工业革命时代,高新技术产业是建立在颠覆性技术的基础上的,现有一些改革举措与高新技术产业的发展不能完全相互契合,可能甚至会阻碍其发展,坚持自主创新,提升技术密集型产业的比重,以及提高产业附加值就需要改革创新体制。一是提供鼓励创新的制度安排,主要包括保护知识产权、完善为高新技术产业提供资金支持的资本市场,以及改革教育体制为高新技术产业发展提供人才支持。二是打破行业和区域界限、生产者与消费者的界线,依托网络创新,使不同行业、不同区域的市场主体优势互补、开放合作,提高消费者对创新价值链的参与程度。三是提高产业的自主创新水平,在高技术产业的核心环节形成优势,尤其要在核心零部件制造和品牌塑造等高端环节形成竞争优势,提高国际竞争力。

(二)助推数字经济发展,不断重塑产业结构新形态

数字经济已成为各国经济发展的新引擎和新动能。据互联网数据中心(IDC)预测,到 2023 年数字经济产值将占到全球 GDP 的 62%①。数字经济主要通过数字产业化与产业数字化两大方面重塑、优化、升级产业结构。为此,我国要在国务院印发的《"十四五"数字经济发展规划》(2022 年)的指引下,抓住数字经济发展新机遇,充分发挥数字经济在产业结构升级中的"助推器"作用。

1. 加强数字经济发展的顶层设计,统筹全国数字产业空间布局

我国区域间的"数字鸿沟"依然存在,应坚持"全国一盘棋",形成优势互

---

① 周武英:《全球数字经济发展仍大有可为》,《经济参考报》2020 年 9 月 7 日。

补的良性发展格局,强化东部地区的引领示范作用,因地制宜,开展区域、行业和企业的数字化转型,推动区域协调发展。

2. 加快推进新型数字基础设施建设

当前,数字经济发展方兴未艾,以物联网、电子商务、人工智能、5G商用等为经济发展提供新服务、新模式、新业态,互联网、物联网、大数据、人工智能等新技术积极赋能传统产业,提升传统产业生产效率。加速中西部地区"新基建"进程,实现"弯道超车",弥补区域间差距。尤其要加强农村地区的数字基础设施建设,助推农业数字化转型。

3. 健全完善法律法规,提高数字经济治理水平

加强数字经济相关领域的法治建设和管理,完善数字经济相关立法体系;加强数据治理水平,注重数据产权保护,加强个人信息数据的管理与保护。

(三) 促进产业梯度转移,优化工业区域布局

我国经济发展大致形成了东、中、西三大部分区域,促进产业在地区间的梯度转移,能够优化工业区域布局,形成自身的竞争优势。对东部地区来说最重要的任务是加快产业升级。如果东部地区在产业梯度转移的过程中产业结构升级滞后,不仅会造成本地区的"产业空心化",还会由于东部与中西部地区产业结构的同构化形成恶性竞争。对中西部产业承接地区来说,重点是提高产业的配套能力,减少产业发展的交易成本;在承接转移产业的同时优化产业选择,提高区域竞争力,以避免陷入"飞地经济"与"产业梯度转移陷阱"。

三、加强人力资本投资,为创新型发展方式提供人才支撑

马克思主义经济学认为,人是生产力的基本构成要素。故人力资本在经济发展中的作用是十分重要的。当前中国二元经济转型处于中后期,同时又面临着"未富先老"与人口红利的消失,一方面劳动力由丰裕变为稀缺;另一方面随着人口老龄化导致的储蓄率下降,以及资本边际收益的下降,物质资本

对经济增长的贡献将趋于下降。通过人力资本投资能够避免劳动力供给短缺和人口老龄化对经济增长产生的负面影响。教育是人力资本投资的主要途径,现阶段加强人力资本投资要重点做好以下工作:

(一) 加大教育投资力度

教育是人力资本投资的主要途径,以各阶段和各种类型的教育作为基础的人力资本决定了"干中学"的效果。近年来,虽然我国对教育支出的绝对量在增加,但与发达国家相比,还有一定的差距。一是要确保国家财政性教育经费支出占 GDP 的比重只增不减,缩小与发达国家之间在教育投入方面的差距。二是建立健全社会监督机制,保障教育经费的稳定增长和有效使用。三是拓宽人力资本投资渠道,构建多元化教育投资体系。

(二) 延长义务教育时段,加强职工技能培训

现阶段中国教育投资结构不合理主要表现为两大方面:一是高等教育、中等教育和初等教育三级教育投资比例不合理,中国高等教育急剧扩张,而中、初等教育却相对萎缩。二是职业教育投资不足,导致多年来高技能人才供给严重不足。为此,要优化教育投资结构。一是加大力度投入基础教育,特别是要通过健全教育投资的转移支付制度,加大对农村基础教育的投资力度。二是加大政府对职业教育的投入,推进终身学习体系建设。鼓励企业、社会团体等组织和个人成为职业教育的投资主体。三是加强职工技能培训,鉴于我国人口老龄化程度增长较快,且人口老龄化程度不断加深,将培训资源向年龄偏大的劳动者群体倾斜,针对需求提高这一群体的人力资本水平,从而提高其在劳动力市场的适应力和竞争力,有效促进该群体的就业。[①] 四是在普及九年制义务教育的基础上,延长教育时段,重点加大对学前教育的投入,将高中阶

---

① 赵玉峰、杨宜勇:《我国中长期人口发展趋势及潜在风险》,《宏观经济管理》2019 年第 8 期。

段和学前教育阶段纳入义务教育体系中。①

四、完善相关制度建设，形成创新型发展方式的制度保障

技术创新是形成创新型发展方式的核心动力。技术创新和制度创新二者相互关系、相互促进，制度创新能够为技术创新提供利益激励与制度保障。当前，我国需要通过制度供给与制度创新，充分激发技术创新的原动力作用。

（一）完善技术创新的激励制度建设

在实施科技体制改革三年攻坚方案(2021—2023年)的基础上，继续深化科技评价激励制度改革。其一，完善产权制度建设，建立产权激励机制。其二，发挥企业主体作用，激发企业创新动力，建立健全企业创新的相关激励机制。其三，健全市场科技管理，发挥政府积极作用，完善促进技术创新的制度和政策体系。

（二）健全技术创新的扩散制度建设

二元经济转型的核心机制在于推进农业劳动力非农化转移，技术创新有助于农业剩余劳动力向城市转移，补齐现代化的农业农村短板。第一，改革农业科技计划管理机制和用人机制。促进科研计划与最终目标实现统一，健全涉农技术创新市场导向机制，但也不能忽略过程管理，强化对科研计划与实施过程的监督，注重农业技术的推广应用，逐渐减少"有计划、无结果"的项目落地。用人机制体现在建立和完善选拔、考核的科学指标体系，加强继续教育和培训，提高人员素质，健全考核机制。第二，完善农业科技投入方式，提高资金配置的能力，健全保障机制。加大对农业技术领域财政和金融的倾斜力度，完善农业科技多元化的投入方式；根据中央、省级、市级三级调整和优化农业科

---

① 蔡昉：《如何开启第二次人口红利？》，《国际经济评论》2020年第2期。

研机构的布局,强化中央级农业研究院的基础研究以及重大关键技术研究的作用,加快实施农业关键核心技术攻关工程,尤其是推进种源攻关。第三,完善农业技术市场。扶持和培育各类农业组织,大力培育农民专业合作社、家庭农场、农业专业服务组织等农业社会化服务组织。

(三) 强化技术创新的风险制度建设

第一,转变风险投资机制。尽快建立混合型风险投资机制,避免单一的政府投资;设置风险投资基金;提高普惠性金融服务水平,为企业提供信用担保。第二,健全"产学研用"合作机制,降低创新风险程度。发挥各自优势,合力共赢,建立利益分享机制,同时也能够多元化分散风险。

第二节　健全城乡融合发展的制度安排,
全面推进乡村振兴

乡村振兴是实现城乡二元经济转型的重要途径。通过乡村振兴,不仅能为供给侧结构性改革吸收多余产能,还能培育经济增长的新动能,在助力城乡融合发展中实现农业强、农村美、农民富。

一、审慎推动土地制度改革,使农民获得土地增值收益

深化土地制度改革,不仅可以增加农民收入,还能够促进农业规模化经营,吸引劳动力、资本生产要素持久地向乡村流动,提高农村要素配置效率,最终实现农业农村现代化。

(一) 明晰农地产权

1. 深化集体产权制度改革

通过农地确权,弄清土地"集体所有"具体落实到组、村、乡(镇)级集体经

济组织等哪一个层级的集体,以及由谁来代表集体行使所有权的各项权能,同时,要做好农村集体经济组织的成员身份界定工作。

2. 赋予农民更充分的土地财产权利

对土地承包经营权,要强化其物权属性,形成所有权、承包权、经营权三权分置的格局;要在立法上明确农民对宅基地占有、使用、收益的权利,依法保障农户宅基地用益物权。

（二）构建农地发展权制度

一是在法律中要明确农地发展权的物权性质及占有、使用、收益、处分等各项权能;二是要明确规定农地发展权的归属主体,即国家与农民共同所有,为宅基地置换、征地以及其他集体建设用地的发展权提供法律保障;三是建立农地发展权收益分配的协商机制。

（三）建立科学合理的土地征收制度

1. 合理界定征地范围

在严格区分公益性用地和经营性用地基础上,警惕地方政府以"公共利益"为名扩大征地范围。

2. 健全和规范征地程序

建立征地补偿安置方案公告及征地补偿登记制度;健全土地征收过程的社会监督机制;建立土地纠纷仲裁机制。

3. 确定合理的补偿标准及安置办法以保障失地农民的利益

要改变按照土地原用途补偿的原则,建立兼顾国家、集体、个人的土地增值收益分配机制,保障农民公平分享土地增值收益,确保被征地农民得到足够的补偿。

（四）建立地权稳定、流转顺畅的土地承包经营制度

一是完善相关法律,保持土地承包关系稳定并长久不变;二是建立完善的土地承包经营权依法自由转让制度;三是依法完善土地承包经营权入股制度。

(五)逐步建立城乡统一的建设用地市场

第一,应加快修改相关立法,给予城乡建设用地产权主体同等的经济权利和法律地位;加快制定和颁布规范集体建设用地入市流转的专门法规和管理办法,明确流转的条件、流转的方式、流转的收益分配办法和产权管理办法。第二,改革过程中,既要区别集体建设用地的增量和存量,又要区别集体建设用地的用地性质(公益性或经营性用地)。

(六)建立完善兼顾"公平与效率"的宅基地制度

1. 完善和保障农户宅基地用益物权,赋予农民更多财产权利

建议在法律修改中,应该按照宅基地用益物权的原则,进一步明确和强化农户宅基地使用权;适当开展农民宅基地及住房财产权抵押、担保、转让的试点工作。

2. 多措并举促进宅基地的节约集约利用

建立宅基地的差别化有偿退出制度,主要是针对农村本集体组织成员占用宅基地的超标准部分,以及城镇居民或非本集体组织成员使用宅基地的情况。

二、推进农业科技体制改革,实现藏粮于技

"十四五"时期,面对农业发展市场需求约束日益增强,以及国际市场竞争日益激烈的形势,农产品发展既要优质化和多样化,也要保障农业发展与农产品质量。科技是第一生产力。为此,必须加快农业科技体制改革,加强农业科技攻关,大力推广农业科技成果,强化农业的科技支撑,实现藏粮于技。

(一)调整农业科研方向,鼓励面向农业全产业链的科技研发与推广

调整农业科研方向,切实扭转片面追求高产的导向,破解科研与生产"两张

皮"现象。其一,加快实施农业关键核心技术攻关工程。推进农业品种培优工程,全面实施种业振兴行动方案;贯彻落实种子法,强化种业知识产权保护。[①]其二,开发绿色高效种养技术,推进农机农艺结合,实现农业的提质增效。

(二) 改革农业教育与科研体制,构建农业科技创新体系

改革农业教育与科学研究相脱离、科研院所自成体系的农业教育与科研体制,促进"农科教""产学研"相结合,要重点设一批具有国际竞争力的农业科技创新基地,组织各方面优秀专家进行跨学科、跨部门协同创新,加快对农业重大项目的联合攻关。借鉴江苏省宜兴市在打造健康稻米全产业链过程中,与江苏省农科院开展品种合作,与南京农业大学开展农业技术研发、质量检测等方面合作,与江南大学开展品种的营养化和功能性拓展,并自建电商平台和品牌打造,促进农业高质量发展。与此同时,建立科研激励机制,对农业科研院所的技术开发、转让、咨询等收入,实行税收优惠或减免。

(三) 加快农业科技推广体系建设,提高农业生产的科技含量

一是保护知识产权,实现农业科技成果的有偿使用。二是建立农业科研的多方服务网络。带领农民做好新品种和新技术引进工作;培育农业科技和农业人才信息培养中介组织,并发挥其在农业科技推广中的重要作用。三是打破行政地域界限,积极推广农户、农业科技企业、中介组织三者密切配合的农业技术推广模式。

三、建设现代化农业发展体系,提高农业供给的质量与效率

要提高农业供给的质量与效率,构建农业产业、生产和经营"三位一体"的支撑体系,同时辅之以资金、技术、人才以及市场条件的支持。

---

① 《中共中央 国务院关于做好二〇二二年全面推进乡村振兴重点工作的意见》,《人民日报》2022年2月23日。

（一）构建现代农业产业体系，促进农业市场化、融合化和高级化

现代农业产业体系是解决农业生产如何满足城乡居民对农产品和农业发展的高品质、多样化需求，即解决为谁生产的问题。

1. 调整农业产业结构，促进一二三产业融合发展

充分挖掘农业具有的经济、生态、社会和文明传承等多功能性，挖掘乡村多元价值。第一，根据市场需求的变化对农业结构进行战略调整，根据农业的多功能性特点，发展高效绿色种植业和养殖业、农产品加工业与流通业、农业文化产业、农业生态产业以及农业信息产业，构建立体化的现代农业产业体系。借鉴成都市郫都区坚持农产品的绿色、高端与高质，形成了都市型现代农业，并以中国川菜产业园区为载体，对农产品进行深加工，打造农家乐等多种形式。第二，重点发展农产品加工、乡村休闲旅游、农村电商等产业。借鉴山东省诸城市将山水、臻业、苹果、绿园等结合起来，打造田园综合体，形成了农旅融合的新型发展模式，以及江苏省宜兴市白塔村将生态与民俗结合发展乡村休闲旅游业，打造以体验经济为核心的乡村休闲度假综合体。第三，在"数商兴农"工程基础上，鼓励采取直播带货等多种形式开辟农产品销售新路，推进电子商务进乡村。继续支持创建一批国家农村产业融合发展示范园。①

2. 拓展农业产业链，加强农业综合生产能力

着力解决我国农产品多而不优、农业大而不强的问题，全面促进农业供给侧结构性改革，不仅要提品质，更要注重降成本，树立全产业链发展思路，提升农产品的附加值，加强流通体系建设，促进流通体系的标准化、智能化，尤其是尽快实现城乡流通体系一体化，全面提升农产品的产销能力。

3. 推进农业的品牌建设

提高农产品质量、优化农业供给结构，必须进行品牌建设，维护优质的农

---

① 《中共中央国务院关于做好二〇二二年全面推进乡村振兴重点工作的意见》，《人民日报》2022 年 2 月 23 日。

产品品牌。一要有过硬的产品质量和良好的信誉保障;二要有"打造百年老店"的意识与自觉;三要注重守品牌的自律意识与持久的耐力。

(二) 构建现代农业生产体系,促进农业数字化与绿色化

现代农业生产体系,是要解决如何生产的问题,即要解决如何通过农业科技的应用、农业现代化装备和其他现代化投入要素的使用,提高农业生产效率问题。

1. 推动数字经济与农业产业深度融合

一是加快数字技术在农业领域的创新和应用,将数据要素、5G、人工智能等先进技术与农业相结合,促进农业生产智能化,完善全产业链质量安全追溯体系,推进生产与销售紧密连接,形成数字化农业体系。二是加快建设农业信息服务平台,指导农业进行标准化生产与高效率运行,利用数字化手段创新改造传统农业,提高农业的数字化水平。

2. 建立"互联网+"农业标准体系,促进智慧农业发展

构建农业供应链集成与融合平台,走出一条"农业产业链+互联网+综合赋能"的新路径,促进农业产业高质量发展。积极利用农业物联网、大数据等现代信息技术发展智慧农业。

3. 推动农业绿色发展,加快转变农业发展方式

以绿色发展理念为指导,不断开发与拓展农业的多重功能,例如生态功能、文明传承功能等,开发新产品、培育新业态,发展休闲农业和乡村旅游等。推进生态农业建设,有效遏制农业面源污染和生态退化,减少化肥农药的不合理使用,大规模实施农业节水工程。切实转变各种农业资源利用方式,包括耕地休耕轮作、用地与养地相结合、种植业与养殖业相结合等在内的农业资源循环利用。注重农村地区的生态环境保护,实现循环型、清洁化的农业生产。

(三) 构建现代农业经营体系,促进农业集约化和组织化

通过扩大经营规模和构建现代化生产方式是中国农业获得市场竞争力的

必由之路。农业经营体系则是要解决谁来生产的问题,即如何形成新型的农业经营主体,开展多种形式的适度规模经营问题。

1. 提升和改造乡村人力资本

培植与壮大人力资本是提高农业供给质量与效益的人才基础。要围绕培养新型职业农民,开展各种专业技能培训,引导农民合作社的规范化建设,培育规模适度的家庭农场;发展多种形式的农业规模经营,例如,可采取土地集中型、服务带动型和产业聚集型等多样化方式;要围绕引入和创新农业农村发展的新产品与新业态,鼓励各种人才返乡回乡下乡创业。

2. 培育各类市场化专业组织

构建专业化新型农业经营体系实现对农业生产全程式社会化服务,促进小农户与大市场的有效对接。我国仍有超过 2 亿的农业经营户[①],其中不仅包括传统的小规模农户,而且包括新型农业经营主体,主要代表是农民专业合作社、家庭农场、专业大户、农业企业等,且后者正在加速兴起和发展[②],急需政策的引导扶持。多措并举激活与激发生产经营主体的企业家精神与创造力。

3. 激活各类农业生产经营主体的创新创业精神

完善激励机制及其他基本公共服务等配套条件,努力营造各种类型的农业企业家成长的良好氛围,千方百计鼓励其留在农业领域,为乡村振兴贡献智慧与力量;培育企业家精神,营造农业企业家创业的良好环境,培育和壮大新型农业经营主体。

（四）激活要素,促进城乡生产要素的优化配置

2022 年 4 月,《中共中央 国务院关于加快建设全国统一大市场的意见》发布,促进城与乡的要素对流和良性互动,培育并扩大内需,进一步畅通国内

---

① 根据第三次全国农业普查数据得到。
② 农业部农村经济研究中心课题组:《农业供给侧结构性改革:难点与对策》,中国农业出版社 2017 年版,第 26 页。

经济体系循环。为此,二元经济转型中,依托持续化制度改革,促进土地、劳动力、资金、技术、信息、数据等要素的市场化配置,推动城乡融合发展。在其他章节中,本书已经在通过土地制度改革、农业技术研发与推广、信息基础设施、智慧农业等方面强化了土地、技术、信息、数据等要素的配置,这里着重强调资金、劳动力、数据要素在城乡间的优化配置与合理使用。

1. 改革财政支农投入机制

加大财政资金支持农业的整合力度,补齐农业农村财政投入不足的短板,发挥财政资金撬动社会资本的作用,提高支农资金使用效率。其一,加大财政对农村公共服务投入。重点加强对农村基础设施建设、教育、医疗、科学技术研究、病虫害防治、农民技术培训等方面投入,优化投入结构。其二,增加农业补贴资金。构建符合国情农情的农业补贴框架,丰富农业补贴的种类,要积极探索农业补贴的多种形式,创新使用方式,加强农业补贴项目的落实跟踪与效果评估,提高农业补贴的效能与效率。其三,加强政府支农资金分配与使用的监督与管理,以提高支农资金的使用效率,提升支农效能。

2. 改革和完善农村金融体制

其一,要推进农村金融创新,因地制宜,将更多金融资金配置到农村、农业部门。其二,创新农业金融的产品和服务,拓宽农村资金融通渠道,深入开展农村信用体系建设,国家在信贷资金的投入、计划管理等方面应对农业发展采取适当的倾斜政策,探索农村财产抵押贷款的制度安排。其三,加大政策性金融对农业现代化资金支持力度,建立健全金融机构服务"三农"的激励约束机制,完善乡村振兴金融服务统计制度,并进行年终考核评估。其四,破除城市资本进入农村的制度性障碍,吸引更多资本下乡,投入乡村振兴建设中来。其五,积极发展农业保险和再保险。

3. 构建乡村振兴的人才支撑

第一,加强乡村振兴人才队伍建设,实施高素质农民培育计划,在国家引领的"神农英才"计划、乡村产业振兴带头人培育"头雁"项目、乡村振兴青春建功行动、乡村振兴巾帼行动①的基础上,借鉴山东省诸城市建立的由党支部联建的统一新型人口管理制度、四川省成都市郫都区的"乡村振兴人才聚集工程",制订"百名家庭农场主学历提升""千名青年农民技术培训""万名乡土人才培养"培训计划,实施"前厂后校""田间课堂""集体经济"等培训项目②,进一步提升农民技能和素质,赋能乡村振兴的人才支撑。第二,新型城镇化和乡村振兴战略交织背景下,重视城乡逆向两栖人才促进乡村全面振兴。第三,加快推进新型职业农民培育,吸引高素质农民返乡成为新型职业农民,持续提升农业农村发展的人力资源基础。第四,加大统一劳动力市场的建设,健全统一的社会保障制度建设,促进劳动力在城乡间合理有序流动。

4. 激活数据生产要素,赋能"三农"发展

数据生产要素具有配置乘效性、流通自由性、要素催化性、效率增益性③,充分发挥其作用,助力我国"三农"发展实现大飞跃。第一,激活数据生产要素赋能农业发展,发展智慧农业。通过大数据开发利用,建立"三农"的大数据平台和交易平台,健全农产品流通网络体系;以数据打通农业的生产、分配、流通、消费各环节;加速推进互联网、人工智能和大数据技术在农业农村领域的应用,促进信息技术与农机农艺融合应用;打造农业互联网平台和农业物联网生态,推动智慧农业、农业电商和智慧供应链等发展,加快全面推进农业现代化的数字化转型,消弭城乡数字鸿沟。第二,激活数据生产要素赋能农村发展,大力推进数字乡村建设。在《数字乡村发展行动计划(2022—2025年)》引领下,实现乡村4G深化普及、5G创新应用,加快农村数据生产要素市场的培育,促进农村数据要素市场体系建设和服务能力建设;推进乡村的数据治理,加快推动数字乡村标准化建设,2022年4月,市场监管总局标准委发布一

---

① 《中共中央国务院关于做好二〇二二年全面推进乡村振兴重点工作的意见》,《人民日报》2022年2月23日。

② 孔祥智、谢东东:《城乡融合发展面面观:来自县域的报告》,《河北学刊》2022年第2期。

③ 骆沙鸣:《以激活数据生产要素 赋能我国城乡融合发展》,人民政协网,2021年7月5日,见 http://www.rmzxb.com.cn/c/2021-07-05/2896723.shtml。

批农业农村领域的国家批准,包括《村务管理》系列国家标准、社会保险登记服务规范(新修订)和城乡居民基本养老服务规范(新修订)等国家标准。在此基础上,制定发展评价指标体系,持续开展数字乡村试点,拓展农业农村大数据应用场景;以数字技术赋能乡村公共服务,推动"互联网+政务服务"向乡村延伸覆盖,最大限度满足广大农村均等化、便捷化、精准化、个性化的公共服务需求,有序推进城乡基本公共服务标准统一、制度并轨;加强农民数字素养与技能培训;加大乡村新基建投资,加强农村信息基础设施建设。第三,推进城乡要素双向自由流动,推动数字城乡融合发展。在推动新型智慧城市的基础上,促进智能设施向乡村拓展、延伸,完善农村地区信息化服务供给,推动数字乡村建设。第四,加强"三农"数据质量监控和评估审计治理体系。建立"三农"大数据的感知、预测、预警、防范、应急处置等平台及相关数据库建设,强化数字化、网络化、智能化监管水平,提升监管效率。

除此之外,还要深化农村集体产权制度改革,使长期沉睡的资源资产焕发生机活力,例如要落实农村承包地"三权分置"改革,探索宅基地"三权分置"改革,建立健全规范有序的农村土地流转市场,在增加农民财产性收入的同时,引入城市资本适当有序进入农业领域。

四、坚持农村优先发展,加快推进城乡基本公共服务均等化

(一)建立和完善农村社会保障制度,促进再分配调节

建立相互连接的多轨制社会保障制度,将普惠型和重点援助型社会保障措施相结合,组成城乡融合的社会保障与公共服务体系。第一,继续完善农村合作医疗制度,统一城乡基本医疗保险和农村大病保险制度,实现异地就医联网结算。第二,继续完善农村养老保险制度,努力提高农民参与社会保险的积极性和经济承受能力。第三,健全农村留守老人、留守妇女、留守儿童、回迁儿童以及返乡农民工中的职业病患者、工伤残疾人及其他被迫退出劳动力市场

的农村脆弱群体的关爱服务制度,补齐农村社会福利短板,完善农村最低生活保障制度和社会救助制度。

(二) 加强农村基础设施建设,促进城乡间互联互通

一是要加快农村交通、供水、供电、通信等基础设施建设;提高农业的综合生产能力。二是开发适应农村与农业特点的信息基础设施建设,既要运用物联网、大数据,也要加快补上烘干仓储、冷链保鲜、农业机械等现代农业物质装备短板。三是加强对农村垃圾、污水等农村突出环境问题的治理。

(三) 加大对农村教育的投入力度,扎实推进城乡学校共同体建设

建立农村义务教育经费保障的长效机制;推动优质办学资源向乡村倾斜;加强教学基础设施建设,改善教师待遇,提高教学质量。

(四) 按照财权与事权相统一的原则,优化公共产品供给

事权调整的主要依据农村公共产品的受益区域大小进行提供。具体来说,农业科技推广、农业环境保护、农业信息网建设、农村义务教育等直接关系国家总体利益的公共产品的供给应主要由中央政府负责提供;农业基础设施、农村公路、农村社保等区域性公共产品可依据其受益范围的大小来决定是由县级政府还是省、市政府,或有关地区政府联合提供。建立和完善转移支付制度,以解决县乡财政收入不足,促进地区公平。

第三节　深入推进农业转移人口市民化,
提高新型城镇化建设质量

二元经济转型中,农业劳动力的非农化转移和乡城迁移既可为工业化提

供人力资源,并通过人口的聚集效应促进城镇化发展;又可以扩大农业经营规模,促进农业现代化。发达国家二元经济转型过程中农业人口的非农化转移与乡城迁移基本上是同一过程。而反观我国二元经济发展中已有2.93亿农民工到城市工作①,这些转移人口"有就业,难安家",只是基本完成了职业上的非农化转移,并未实现从乡村到城镇的永久迁移,而是成了处于边缘或游离状态的特殊群体。张斌(2020)认为中国经济当前发展阶段最大的短板是接近3亿农民工不能真正融入城市生活,应该把近3亿农民工真正融入城市生活作为接下来结构改革政策的头号目标。②《2022年新型城镇化和城乡融合发展重点任务》强调把推进农业转移人口市民化作为新型城镇化首要任务。可见,通过制度创新推进农业转移人口市民化,保障其在城市工作与生活所应具有的各项合法权益,有利于提高城镇化质量,推进城乡融合发展。

一、推进以县域为载体的城镇化建设,为农业转移人口提供就业岗位和生活空间

我国农民工市民化的困难在于,大城市虽就业机会多,但生活成本高;中小城镇虽生活成本低,却缺乏产业支撑,就业机会不足,难以吸引农业转移人口。为了解决这一困难,提高城镇综合承载能力,要推进以县域为载体的城镇化建设。

(一)引导产业向县域的中小城镇梯度转移

中小城镇通过承接东部大城市、超大城市劳动密集型产业和传统服务业,提高其就业承载力。通过引导产业向县域的中小城镇进行梯度转移,既可以

---

① 国家统计局:《2021年农民工监测调查报告》,国家统计局,2022年4月29日,见 http://www.stats.gov.cn/xxgk/sjfb/zxfb2020/202204/t20220429_1830139.html。
② 张斌:《2021年:挖掘中国经济的内生增长潜力》,《新京报》2020年12月31日。

使我国接续劳动密集型产业的比较优势,又可以通过产业结构优化升级,提高竞争力。[①]

(二)以城市群为载体,带动县域加快发展

东部地区要发挥辐射力,加强其引领作用;中西部地区要在资源环境承载力强、中心城市发展基础好的地区积极培育区域性城市群,进而带动周围县域发展。同时,注重推进以县域为载体的城镇化建设,使更多农业人口实现就地转移。

(三)"双碳"目标约束下促进生态城镇化建设

要降低城市群空间聚集产生的碳排放效应,在"双碳"目标下实现城镇可持续绿色永续发展。中小城镇要在承接产业转移的同时,加强基础设施与公共服务投入,努力提高其综合承载能力;东部地区不能以邻为壑,把落后产能与高污染企业转移到欠发达地区;要合理调控大城市、超大城市人口规模,重点解决交通拥堵、环境污染、城中村等突出问题。

(四)统筹城乡发展规划、产业布局和公共服务

要在确保农业用地的前提下,促进土地资源城乡间的优化配置;合理引导农村工业向小城镇集中,加大城镇对农业、农村的辐射作用;把劳动力转移与农业生产经营体制改革相结合,着力培育新型农业生产经营主体。

二、有力有序有效深化户籍制度改革,消除基于户籍身份的福利差别

(一)进一步深化户籍制度改革,实行差别化落户政策

其一,除超大城市逐步采取积分等方法放开部分群体的户籍限制,其他城

---

① 张桂文:《推进以人为核心的城镇化 促进城乡二元结构转型》,《当代经济研究》2014 年第 3 期。

市应全部放开落户限制。着力提高户籍人口城镇化率,破除因传统户籍管理造成农民工在城市生活的各种制度性障碍,加快解决农民工在城市的落地,稳步推进农民工市民化。其二,降低门槛,尤其是消除进城落户的隐性门槛,解决农民工落户的政策性、体制性与结构性障碍。其三,积极探索城市群的统一户籍政策,突破不同城市、不同行政层级的户籍障碍,推动大城市与中小城市、小城镇融合发展。

(二)妥善处理好户籍制度改革的成本收益分享机制,形成激励相容

户籍制度改革不彻底的原因在于改革收益与改革成本之间的关系不对称。推进户籍制度改革的关键,在于中央政府对改革进行顶层设计,妥善处理好中央政府与地方政府的关系,建议中央政府承担更大的支出责任,创新性地安排改革的成本分担和收益分享,形成激励相容。

(三)消除基于城乡户籍身份的福利差别,健全适应农民工特点的社会保障运行机制

其一,加快推进户籍制度改革,消除基于城乡户籍身份的福利差别,回归户籍制度本身的人口管理功能。

其二,农民工就业不稳定、流动性强,绝大多数分布在非正规部门就业,社会保障覆盖面较窄。建立健全农民工的社会保障制度,逐步将农民工纳入城乡一体化的社会保障体系。确保农业转移人口能够进得来、留得下、安得住,全方位增强农民工的社会融入能力。

三、完善劳动力市场建设,增强农业转移人口市民化能力

农民工就业稳定性差,使农业转移人口面临较大的市场风险。需要从以下三大方面提高该群体的收入挣得能力。

（一）建立统一开放、竞争有序的劳动力市场，切实保障农业转移人口的合法权益

其一，多措并举为农民工提供就业机会。根据农民工人口的集中区域，大力发展劳动密集型产业，尤其是大力支持中小企业发展，培育发展家政服务、物流配送、养老托育等生活性服务业，形成多样化的用工方式。其二，取消各地对农业转移人口的歧视性就业限制，实现其与城镇职工平等就业，同工同酬；构建城乡一体化的劳动力市场，提供就业帮扶，创造平等的就业机会和公平的就业条件，优化农民工就业环境。其三，切实推进劳动合同制，加强工会组织和集体谈判制度建设，加强农民工的劳动保护和法律援助，保障其就业稳定性。

（二）建立与完善农业转移人口的人力资本投资机制，增强其挣得能力

农业转移人口在进行职业转换中面临的一个基本问题是知识和技能的断层，德国在二元经济转型中对农业转移人口进行全方位、多角度，适应工业化发展的需求进行培训。借鉴德国针对"浮游群体"进行职业培训的经验，我国也应在加强农村义务教育的同时，提供专业化职业技能培训。其一，适当调整教育投资的重点方向，加大对农村教育的投入，尤其是针对农民工的职业培训投入，将"浮游群体"纳入政府职业教育体系。其二，大力开展适合农民工就业的技能培训和新职业新业态培训。建立适合农业转移人口特点、满足多层次需求，由政府、企业、社区、教育机构和社会中介参与的职业培训网，开展多样化职业技能教育，既要因材施教，又要满足社会发展实际需求，有效解决当前产业结构升级过程中技术工人短缺的难题，根据用工岗位和农民工实际情况开展技术、技能训练，培养其发展生产和个体经商技巧，促使农业剩余劳动力顺利转移。其三，通过教育体制改革和完善职工培训制度，合理配置培训资

源,重点开展需求导向的技能培训,完善规范培训市场,提高培训效率,促进农民工群体人力资本水平持续提高,增强其在城市的收入挣得能力。

(三) 加强社会保护,缓解劳资冲突

2008 年我国相继出台了三部与劳动就业相关的法律,《劳动合同法》《就业促进法》以及《劳动争议调解仲裁法》,提高了权益保护力度,降低了维权成本,延长了劳动争议申诉时效。我国对劳动者社会保护仍需加强,从社会保障方面看,远远没有达到充分覆盖的水平。为此,刘易斯转折阶段中后期,我国要从以下方面努力:其一,通过推进就业制度改革,规范企业、中介机构等组织的市场准入和市场规则,鼓励和引导企业善待劳动者,可通过精神奖励和物质刺激,提高劳动者在劳资谈判中地位,形成劳资两利局面;特别要关注农民工的社会保护,使其免受歧视和不合理待遇。其二,近两年受到新冠疫情防控常态化的影响,农民工就业问题和社会保护问题异常突出,出台社会保护政策以及相关低保政策,缓解劳资冲突,促进社会和谐稳定。

四、推进公共服务供给与财政体制改革相结合,实现公共服务均等化

长期以来,受非均衡制度变迁的影响,我国形成了城乡二元公共服务体制,城市居民在社会保障、教育、医疗等方面基本上纳入了现代社会保障和福利体系,而农村居民依然以传统的家庭和土地保障为主。尽管农民工已在城镇就业,却不能享有与城镇户籍紧密联系的排他性公共服务。尤其是子女教育问题,根据《农民工监测调查报告》,2020 年 47.5%的农民工反映随迁子女在城市上学面临一些问题。城市规模越大,这些问题就越突出。解决上述难题,要把加强公共服务供给与财政体制改革相结合,实现公共服务和资源按照常住人口进行配置,增强城市社会的包容性,不断提高人民生活质量。

（一）探索过渡性农业转移人口的公共服务制度，逐步实现城乡基本公共服务全覆盖

第一，以扩大覆盖面和完善转移接续机制为重点，健全农业转移人口的社会保障体系。重点解决随迁子女的学前教育及异地高考问题，全面落实外地务工人员随迁子女主要在输入地和全日制公办学校平等接受教育的政策；做好农业转移人口的疾病和职业病防治、随迁适龄儿童免疫和计划生育等各项工作。第二，健全农业转移人口的社会保障体系，尤其是要大幅提升处于城乡接合关键区域的公共基础设施和服务能力。

（二）健全常住地提供基本公共服务制度，提升新型城镇化质量

其一，推动基本公共服务供给由注重机构行政区域覆盖向注重常住人口服务覆盖转变。其二，依据常住人口规模配置教育资源，保障适龄儿童就近入学，让农民工子女与城市孩子同样享有优质的教育资源，解决好进城务工人员子女就学问题。

（三）改革财政体制，尝试推动土地财政向税收财政转变

其一，构建财权与事权相匹配的财政体制。其二，设计与土地流转、土地增值，以及与土地使用有关的税种，探索土地财政转为税收财政。

参考文献

[1]巴曙松:《中国经济已悄然越过刘易斯拐点》,《经济参考报》2011年5月5日。

[2]白永秀:《城乡二元结构的中国视角:形成、拓展、路径》,《学术月刊》2012年第5期。

[3]蔡昉、都阳、杨开忠:《新中国城镇化发展70年》,人民出版社2019年版。

[4]蔡昉、王德文:《中国经济增长可持续性与劳动贡献》,《经济研究》1999年第10期。

[5]蔡昉:《从人口红利到改革红利》,《文汇报》2014年4月28日。

[6]蔡昉:《读懂中国经济:大国拐点与转型路径》,中信出版集团2017年版。

[7]蔡昉:《二元经济作为一个发展阶段的形成过程》,《经济研究》2015年第7期。

[8]蔡昉:《改革时期农业劳动力转移与重新配置》,《中国农村经济》2017年第10期。

[9]蔡昉:《供给侧认识·新常态·结构性改革——对当前经济政策的辨析》,《探索与争鸣》2016年第5期。

[10]蔡昉:《理解中国经济发展的过去、现在和将来——基于一个贯通的增长理论框架》,《经济研究》2013年第11期。

[11]蔡昉:《刘易斯转折点后的农业发展政策选择》,《中国农村经济》2008年第8期。

[12]蔡昉:《刘易斯转折点与公共政策方向的转变——关于中国社会保护的若干特征性事实》,《中国社会科学》2010年第6期。

[13]蔡昉:《刘易斯转折点——中国经济发展阶段的标识性变化》,《经济研究》2022年第1期。

[14]蔡昉:《农业劳动力转移潜力耗尽了吗?》,《中国农村经济》2018 年第 9 期。

[15]蔡昉:《认识中国经济减速的供给侧视角》,《经济学动态》2016 年第 4 期。

[16]蔡昉:《如何开启第二次人口红利?》,《国际经济评论》2020 年第 2 期。

[17]蔡昉:《四十不惑:中国改革开放发展经验分享》,中国社会科学出版社 2018 年版。

[18]蔡昉:《新发展阶段供给侧与需求侧都需要改革》,《产城》2021 年第 5 期。

[19]蔡昉:《中国的二元经济与劳动力转移:理论分析与政策建议》,中国人民大学出版社 1990 年版。

[20]蔡昉:《中国经济发展的世界意义》,中国社会科学出版社 2019 年版。

[21]蔡昉:《中国经济改革效应分析——劳动力重新配置的视角》,《经济研究》2017 年第 7 期。

[22]蔡昉:《中国经济面临的转折及其对发展和改革的挑战》,《中国社会科学》2007 年第 3 期。

[23]蔡婷贻、王晓霞、降蕴彰、金焱:《全球供应链波动:脆弱与韧性》,《财经》2020 年第 5 期。

[24]蔡万焕:《超越供给学派与凯恩斯主义之争——供给侧结构性改革的政治经济学分析》,《思想理论教育导刊》2017 年第 3 期。

[25]曾博、李江:《农业供给侧结构性改革中的生产要素配置研究》,《内蒙古社会科学(汉文版)》2017 年第 6 期。

[26]常修泽:《盘活闲置农宅,应保障农民财产性收入》,《新京报》2019 年 9 月 27 日。

[27]常修泽:《所有制改革与创新——中国所有制结构改革 40 年》,广东经济出版社 2018 年版。

[28]钞小静、沈坤荣:《城乡收入差距、劳动力质量与中国经济增长》,《经济研究》2014 年第 6 期。

[29]陈吉元、胡必亮:《中国的三元经济结构与农业剩余劳动力转移》,《经济研究》1994 年第 4 期。

[30]陈吉元:《论中国农业剩余劳动力转移——农业现代化的必由之路》,经济管理出版社 1991 年版。

[31]陈秀英、刘胜、顾乃华:《区域服务效率、制度环境与利用外资转型升级——基于服务业供给侧结构性改革视角》,《财贸研究》2018 年第 8 期。

[32]陈长:《数字化赋能新时代金融供给侧结构性改革:逻辑、特征与路径》,《西

安财经大学学报》2022年第2期。

[33]陈宗胜:《经济发展中的收入分配》,上海三联书店、上海人民出版社1994年版。

[34]丁任重、李标:《供给侧结构性改革的马克思主义政治经济学分析》,《中国经济问题》2017年第1期。

[35]方福前、马学俊:《中国经济减速的原因与出路》,《中国人民大学学报》2016年第6期。

[36]方福前:《供给侧结构性改革需回答的两个问题》,《理论探索》2016年第3期。

[37]方福前:《寻找供给侧结构性改革的理论源头》,《中国社会科学》2017年第7期。

[38]方福前:《正确认识和处理供给侧改革与需求侧管理的关系》,《经济理论与经济管理》2021年第4期。

[39]方敏、胡涛:《供给侧结构性改革的政治经济学》,《山东社会科学》2016年第6期。

[40]方敏:《政治经济学视角下的供给侧结构性改革》,《北京大学学报(哲学社会科学版)》2018年第1期。

[41]冯俏彬、贾康:《我国供给侧改革的背景、理论模型与实施路径》,《经济学动态》2017年第7期。

[42]冯俏彬:《供给侧改革:核心是制度创新与制度供给》,《中国经济时报》2016年3月18日。

[43]冯云廷:《城市经济学》,东北财经大学出版社2011年版。

[44]付群、王萍萍、陈文成:《挑战、机会、出路:我国体育产业供给侧结构性改革研究》,《天津体育学院学报》2019年第1期。

[45]高帆:《从割裂到融合:中国城乡经济关系演变的政治经济学》,复旦大学出版社2019年版。

[46]高帆:《交易效率、分工演进与二元经济结构转化》,上海三联书店2007年版。

[47]高铁梅、范晓非:《中国劳动力市场的结构转型与供求拐点》,《财经问题研究》2011年第1期。

[48]耿元、林玳玳:《中国的刘易斯转折点来到了吗——质疑2007年人口与劳动问题报告》,《经济问题探索》2008年第9期。

[49]顾朝林、管卫华、刘合林:《中国城镇化2050:SD模型与过程模拟》,《中国科

学:地球科学》2017 年第 7 期。

[50]郭少新:《中国二元经济结构转换的制度分析》,中国农业出版社 2006 年版。

[51]国务院第七次人口普查领导小组办公室:《2020 年第七次全国人口普查主要数据》,中国统计出版社 2021 年版。

[52]韩保江:《"供给侧结构性改革"的政治经济学释义——习近平新时代中国特色社会主义经济思想研究》,《经济社会体制比较》2018 年第 1 期。

[53]何晓芳、宁桂玲、孟长功:《高等教育供给侧结构性改革的现实矛盾——以工科教育为例》,《清华大学教育研究》2018 年第 6 期。

[54]洪银兴:《供给侧结构性改革须完善体制机制》,《人民日报》2016 年 10 月 31 日。

[55]洪银兴:《培育新动能:供给侧结构性改革的升级版》,《经济科学》2018 年第 3 期。

[56]洪银兴:《准确认识供给侧结构性改革的目标和任务》,《中国工业经济》2016 年第 6 期。

[57]侯东民、王德文、白南生、钱文荣、谢长青、周祝平:《从"民工荒"到"返乡潮":中国的刘易斯拐点到来了吗?》,《人口研究》2009 年第 2 期。

[58]胡银根、董文静、余依云、徐小峰、代兵:《土地整治供给侧结构性改革与乡村重构——潜江"华山模式"实证研究》,《地理科学进展》2018 年第 5 期。

[59]黄季焜:《农业供给侧结构性改革的关键问题:政府职能和市场作用》,《中国农村经济》2018 年第 2 期。

[60]黄群慧、陈创练:《新发展格局下需求侧管理与供给侧结构性改革的动态协同》,《改革》2021 年第 3 期。

[61]黄群慧:《论中国工业的供给侧结构性改革》,《中国工业经济》2016 年第 9 期。

[62]黄群慧:《新冠肺炎疫情对供给侧的影响与应对:短期和长期视角》,《经济纵横》2020 年第 5 期。

[63]黄益平:《理解金融供给侧结构性改革》,《政治经济学评论》2020 年第 1 期。

[64]贾康、苏京春:《"供给侧"学派溯源与规律初识》,《全球化》2016 年第 2 期。

[65]贾康、苏京春:《论供给侧改革》,《管理世界》2016 年第 3 期。

[66]贾康:《供给侧改革的核心内涵是解放生产力》,《中国经济周刊》2015 年第 49 期。

[67]贾康:《供给侧改革十讲》,东方出版中心 2016 年版。

［68］贾康：《供给侧结构性改革要领》，《中国金融》2016 年第 1 期。

［69］贾微晓：《以生产力为标准的我国供给侧结构性改革再思考》，《经济学家》2017 年第 2 期。

［70］贾先文、黄正泉：《"刘易斯拐点"离我们究竟还有多远》，《统计与决策》2010 年第 15 期。

［71］江三良、李攀：《中国劳动力供给刘易斯转折点探讨——基于中日比较的视角》，《重庆理工大学学报（社会科学版）》2016 年第 5 期。

［72］蒋南平、邹宇：《人工智能与中国劳动力供给侧结构性改革》，《四川大学学报（哲学社会科学版）》2018 年第 1 期。

［73］蒋永穆：《基于社会主要矛盾变化的乡村振兴战略：内涵及路径》，《社会科学辑刊》2018 年第 2 期。

［74］蒋正云、胡艳：《中部地区新型城镇化与农业现代化耦合协调机制及优化路径》，《自然资源学报》2021 年第 3 期。

［75］金保华、刘晓洁：《高等教育供给侧结构性改革的理论逻辑与实践路径》，《教育与经济》2016 年第 6 期。

［76］金碚：《科学把握供给侧结构性改革的深刻内涵》，《人民日报》2016 年 3 月 7 日。

［77］金三林：《对我国"刘易斯转折"阶段进程的判断》，《中国经济时报》2012 年 3 月 27 日。

［78］孔祥智、谢东东：《城乡融合发展面面观：来自县域的报告》，《河北学刊》2022 年第 2 期。

［79］孔祥智：《农业供给侧结构性改革的基本内涵与政策建议》，《改革》2016 年第 2 期。

［80］黎煦：《刘易斯转折点与劳动力保护》，《首都经济贸易大学学报》2007 年第 4 期。

［81］李稻葵：《关于供给侧结构性改革》，《理论视野》2015 年第 12 期。

［82］李德伟：《中国将迎来劳动力供给的"刘易斯转折点"吗？》，《理论前沿》2008 年第 12 期。

［83］李克强：《论我国经济的三元结构》，见《中国人文社会科学博士硕士论文库——经济学卷》，浙江教育出版社 1998 年版。

［84］李晓澜、宋继清：《二元经济理论模型评述》，《山西财经大学学报》2004 年第 1 期。

[85]李扬、张晓晶:《"新常态":经济发展的逻辑与前景》,《经济研究》2015年第5期。

[86]李勇:《刘易斯拐点、资本非农化倾向和二元经济结构转化》,《当代经济科学》2016年第4期。

[87]李周:《农民流动:70年历史变迁与未来30年展望》,《中国农村观察》2019年第5期。

[88]李佐军:《供给侧改革改什么、怎么改?》,机械工业出版社2016年版。

[89]林毅夫:《供给侧改革彰显我国制度优越性》,《人民日报》2016年11月21日。

[90]刘凤义、曲佳宝:《马克思主义政治经济学与西方经济学关于供求关系分析的比较——兼谈我国供给侧结构性改革》,《经济纵横》2019年第3期。

[91]刘洪银:《从"民工荒"看我国"刘易斯转折点"与农民就业转型》,《人口与经济》2012年第1期。

[92]刘世锦:《供给侧改革的主战场是要素市场改革》,《第一财经日报》2016年8月17日。

[93]刘世锦:《供给侧改革重点:打通要素流动通道》,《经济参考报》2015年12月10日。

[94]刘世锦:《老经济与新动能——中国经济增长十年展望(2017—2026)》,中信出版集团2017年版。

[95]刘世锦:《中国经济转型再平衡取决于三个条件》,《环境经济》2016年第6期。

[96]刘守英、王宝锦、程果:《农业要素组合与农业供给侧结构性改革》,《社会科学战线》2021年第10期。

[97]刘守英、熊雪锋:《我国乡村振兴战略的实施与制度供给》,《政治经济学评论》2018年第4期。

[98]刘守英、章元:《"刘易斯转折点"的区域测度与战略选择:国家统计局7万户抽样农户证据》,《改革》2014年第5期。

[99]刘守英:《土地制度与中国发展》,中国人民大学出版社2018年版。

[100]刘伟、蔡志洲:《完善国民收入分配结构与深化供给侧结构性改革》,《经济研究》2017年第8期。

[101]刘伟:《供给侧结构性改革:历史客观性、突出特点及制度创新要求》,《河北经贸大学学报》2017年第1期。

[102]刘伟:《经济新常态与供给侧结构性改革》,《管理世界》2016年第7期。

[103]刘霞辉:《供给侧结构性改革助推中国经济增长》,《学术月刊》2016年第4期。

[104]刘应杰:《"刘易斯拐点"之后的中国战略》,《人民论坛》2011年第12期。

[105]刘元春:《供给侧结构性改革的政治经济学解读》,《光明日报》2016年7月28日。

[106]刘元春:《论供给侧结构性改革的理论基础》,《人民日报》2016年2月25日。

[107]刘志成:《刘易斯转折期的通胀及其治理——日本、韩国和中国台湾的经验及启示》,《经济学家》2014年第5期。

[108]鲁品越:《"供给侧结构性改革"在思想和实践上的新贡献》,《马克思主义研究》2020年第2期。

[109]罗来军:《供给侧结构性改革的边界与重心》,《光明日报》2016年3月30日。

[110]罗玉冰:《刘易斯拐点到来会抬高通货膨胀水平吗》,《金融研究》2012年第4期。

[111]穆怀中、范洪敏:《环境规制对农民工就业的门槛效应研究》,《经济学动态》2016年第10期。

[112]牛若峰:《中国农业的变革与发展》,中国统计出版社1997年版。

[113]农业部农村经济研究中心课题组:《农业供给侧结构性改革:难点与对策》,中国农业出版社2017年版。

[114]逄锦聚:《经济发展新常态中的主要矛盾和供给侧结构性改革》,《政治经济学评论》2016年第2期。

[115]戚成蹊:《中国刘易斯转折点的再研究》,《经济论坛》2017年第2期。

[116]乔文怡、李玏、管卫华、王馨、王晓歌:《2016—2050年中国城镇化水平预测》,《经济地理》2018年第2期。

[117]秦海林:《二元经济中的二元财政测度与分解研究》,《中央财经大学学报》2007年第1期。

[118]卿涛、杨仕元、岳龙华:《"Minami准则"下的刘易斯转折点研究》,《中国人口科学》2011年第2期。

[119]人民日报社经济社会部:《七问供给侧结构性改革》,人民出版社2016年版。

[120]邵宇、秦培景:《全球化4.0:中国如何重回世界之巅》,广西师范大学出版社

2016 年版。

[121]沈建光:《供给侧改革与需求管理要协调推进》,《第一财经日报》2015 年 11 月 24 日。

[122]沈克印、吕万刚:《体育产业供给侧结构性改革:学理逻辑、发展现实与推进思路》,《武汉体育学院学报》2016 年第 11 期。

[123]石佑启、杨治坤:《中国政府治理的法治路径》,《中国社会科学》2008 年第 1 期。

[124]史安斌:《从"陌生人"到"世界公民":跨文化传播学的演进和前景》,《对外大传播》2006 年第 11 期。

[125]世界银行:《2020 年的中国:新世纪的发展挑战》,中国财政经济出版社 1997 年版。

[126]宋冬林:《从政治经济学角度考量供给侧结构性改革》,《中国社会科学报》2016 年 11 月 30 日。

[127]宋世方:《刘易斯转折点:理论与检验》,《经济学家》2009 年第 2 期。

[128]孙国峰:《巴拉萨—萨缪尔森效应、刘易斯拐点和结构性通货膨胀》,《金融发展评论》2011 年第 4 期。

[129]孙亚南、张桂文、郭玉福:《城乡二元经济转型中产业结构演变的规律与趋势研究——基于跨期国际比较的视角》,《经济问题探索》2019 年第 1 期。

[130]孙亚南:《二元经济转型国际比较研究》,中国社会科学出版社 2016 年版。

[131]孙自铎:《中国进入"刘易斯拐点"了吗? ——兼论经济增长人口红利说》,《经济学家》2018 年第 1 期。

[132]檀有志:《全球化的阶段性特征及未来方向》,《人民论坛》2021 年第 13 期。

[133]陶锋、胡军、李诗田、韦锦祥:《金融地理结构如何影响企业生产率? ——兼论金融供给侧结构性改革》,《经济研究》2017 年第 9 期。

[134]陶然:《新发展格局与城乡土地制度改革的突破》,《中央社会主义学院学报》2021 年第 3 期。

[135]滕泰:《从供给侧发力推动经济结构调整》,《经济参考报》2015 年 11 月 6 日。

[136]滕泰:《加强供给侧改革开启增长新周期》,《经济参考报》2015 年 11 月 18 日。

[137]田国强、陈旭东:《中国改革——历史、逻辑和未来》,中信集团出版社 2016 年版。

[138]田国强：《中国经济增长下滑的原因》，《学习与探索》2018 年第 4 期。

[139]田卫民：《中国基尼系数计算及其变动趋势分析》，《人文杂志》2012 年第 2 期。

[140]童玉芬、李玉梅、刘传奇：《我国城镇化进程中的城乡人口老龄化趋势及政策启示》，《人口与经济》2014 年第 6 期。

[141]汪进、钟笑寒：《中国的刘易斯转折点是否到来——理论辨析与国际经验》，《中国社会科学》2011 年第 5 期。

[142]王安岭：《加快发展转型，充分发挥我国劳动力资源优势——兼论"刘易斯拐点"伪证性》，《现代经济探讨》2013 年第 12 期。

[143]王诚：《劳动力供求"拐点"与中国二元经济转型》，《中国人口科学》2005 年第 6 期。

[144]王冬、柴国俊：《农业供给侧结构性改革提振居民消费：影响效应和传导机制》，《西南民族大学学报（人文社会科学版）》2021 年第 12 期。

[145]王红霞：《乡村人口老龄化与乡村空间演进——乡村微观空间视角下的人口老龄化进程探究》，《人口研究》2019 年第 5 期。

[146]王金营、顾瑶：《中国劳动力供求关系形势及未来变化趋势研究——兼对中国劳动市场刘易斯拐点的认识和判断》，《人口学刊》2011 年第 3 期。

[147]王晶：《中国劳动力成本上升对产业结构升级影响研究》，辽宁大学出版社 2021 年版。

[148]王培安：《科学把握人口发展规律 促进新时代人口均衡发展》，《人民日报》2019 年 5 月 30 日。

[149]王庆芳、郭金兴：《中国农村剩余劳动力估计：2010—2018 年》，《经济理论与经济管理》2021 年第 12 期。

[150]王少国：《我国城乡收入差别对居民总收入差别的影响分析》，《农村经济》2007 年第 3 期。

[151]王晓映：《统筹城乡土地改革和制度建设》，见中国社会科学院农村发展研究所宏观经济研究室：《农村土地制度改革：国际比较研究》，社会科学文献出版社 2009 年版。

[152]王耀辉：《全球化 4.0 时代已拉开大幕》，《北京青年报》2019 年 1 月 27 日。

[153]王一鸣、陈昌盛、李承健：《正确理解供给侧结构性改革》，《人民日报》2016 年 3 月 29 日。

[154]王裕雄、张正河：《刘易斯转折点与中国农业政策调整——基于东亚国家和

地区的经验借鉴》,《经济问题探索》2012 年第 5 期。

[155]王裕雄:《中国刘易斯转折点是否到来——来自农业生产部门的证据》,《经济问题探索》2013 年第 6 期。

[156]韦森:《从宏观数据看中国经济的当下格局与长期增长前景》,《财经问题研究》2017 年第 4 期。

[157]韦森:《世界经济的新格局与中国经济的长期增长前景》,《南方经济》2014 年第 2 期。

[158]魏后凯、杜志雄:《中国农村发展报告(2020):聚焦"十四五"时期中国的农村发展》,中国社会科学出版社 2020 年版。

[159]魏后凯、杜志雄:《中国农村发展报告(2021):面向 2035 年的农业农村现代化》,中国社会科学出版社 2021 年版。

[160]魏后凯、郜亮亮、崔凯、张瑞娟、檀学文:《"十四五"时期促进乡村振兴的思路与政策》,《农村经济》2020 年第 8 期。

[161]魏后凯、芦千文:《新冠肺炎疫情对"三农"的影响及对策研究》,《经济纵横》2020 年第 5 期。

[162]魏旭:《唯物史观视阈下"供给侧结构性改革"的理论逻辑》,《社会科学战线》2018 年第 4 期。

[163]温涛、冉光和、熊德平:《中国金融发展与农民收入增长》,《经济研究》2005 年第 9 期。

[164]吴海民:《我国刘易斯拐点的新检验——基于 1990—2010 年农业和工业部门劳动边际生产率的考察》,《贵州财经学院学报》2012 年第 3 期。

[165]吴敬琏:《农村剩余劳动力转移与"三农"问题》,《宏观经济研究》2002 年第 6 期。

[166]吴敬琏:《什么是结构性改革? 它为何如此重要?》,《清华管理评论》2016 年第 11 期。

[167]吴伟东、冯玉华、贾生华:《我国三元经济结构问题初探》,《农业经济问题》1988 年第 5 期。

[168]吴要武:《"刘易斯转折点"来临:我国劳动力市场调整的机遇》,《开放导报》2007 年第 3 期。

[169]吴垠:《中国特色新型城镇化:以刘易斯拐点期为背景的理论、模式与政策研究》,《经济科学》2015 年第 2 期。

[170]习近平:《把乡村振兴战略作为新时代"三农"工作总抓手》,《求是》2019 年

第 11 期。

　[171]习近平:《坚持把解决好"三农"问题作为全党工作重中之重　举全党全社会之力推动乡村振兴》,《求是》2022 年第 7 期。

　[172]习近平:《在庆祝中国共产党成立 100 周年大会上的讲话》,《求是》2021 年第 14 期。

　[173]习近平:《在省部级主要领导干部学习贯彻党的十八届五中全会精神专题研讨班上的讲话》,《人民日报》2016 年 5 月 10 日。

　[174]夏耕:《中国城乡二元经济结构转换研究——要素流动、制度变迁、市场机制与政府作用》,北京大学出版社 2005 年版。

　[175]夏怡然:《低工资水平下城市农民工的劳动供给模型》,《中国人口科学》2010 年第 3 期。

　[176]相伟:《中国"刘易斯转折点"的验证——开放条件下"刘易斯转折点"的检验与变异》,《宏观经济研究》2014 年第 5 期。

　[177]肖林:《新供给经济学:供给侧结构性改革经济学思想与理论创新》,《科学发展》2016 年第 5 期。

　[178]谢富胜、高岭、谢佩瑜:《全球生产网络视角的供给侧结构性改革——基于政治经济学的理论逻辑和经验证据》,《管理世界》2019 年第 11 期。

　[179]谢培秀:《城乡要素流动和中国二元经济结构转换》,中国经济出版社 2008 年版。

　[180]徐林:《释放新需求,创造新供给——解读〈中共中央关于制定国民经济和社会发展第十三个五年规划〉》,《中国财经报》2015 年 12 月 1 日。

　[181]许经勇:《刘易斯二元结构理论与我国现实》,《吉首大学学报(社会科学版)》2012 年第 1 期。

　[182]许召元:《"刘易斯转折点"的学术论争及劳动力转移新特征》,《改革》2014 年第 12 期。

　[183]薛继亮:《从供给侧判断"刘易斯拐点":到来还是延迟》,《中央财经大学学报》2016 年第 9 期。

　[184]严金明、张雨榴、夏方舟:《土地利用规划管理的供给侧结构性改革》,《中国土地科学》2017 年第 7 期。

　[185]杨继国、朱东波:《马克思结构均衡理论与中国供给侧结构性改革》,《上海经济研究》2018 年第 1 期。

　[186]杨俊青、王玉博、靳伟择:《劳动力有限供给条件下的二元经济转化探索》,

《中国人口科学》2022年第1期。

[187]杨小凯、张永生:《新兴古典经济学与超边际分析》,社会科学文献出版社2003年版。

[188]姚景源:《中国农业生产率只有荷兰千分之一 供给侧改革刻不容缓》,《环球时报》2017年6月3日。

[189]叶庆娜:《重视教育需求:供给侧结构性改革背景下教育供求矛盾的破解》,《教育发展研究》2019年第17期。

[190]叶兴庆:《持续释放农业劳动力的思考和建议》,《中国发展观察》2011年第5期。

[191]易定红:《中国的刘易斯拐点:问题、影响与对策》,《中国劳动》2020年第2期。

[192]尤宏业、莫倩、高善文:《上升的地平线——刘易斯拐点与通货膨胀裂口》,《金融发展评论》2010年第12期。

[193]余斌:《工资上涨与通货膨胀之间没有必然的联系——从中国的"刘易斯拐点"说起》,《经济纵横》2011年第11期。

[194]袁志刚:《三问"刘易斯拐点"》,《解放日报》2010年9月12日。

[195]岳龙华、杨仕元:《刘易斯转折点与劳动力再配置效应:中国经验》,经济科学出版社2016年版。

[196]张桂文、孙亚南:《二元经济转型视角下中国潜在经济增长率分析》,《当代经济研究》2015年第12期。

[197]张桂文、孙亚南:《人力资本与产业结构演进耦合关系的实证研究》,《中国人口科学》2014年第6期。

[198]张桂文、周健:《非均衡制度变迁对中国二元经济转型的影响》,《辽宁大学学报(哲学社会科学版)》2013年第1期。

[199]张桂文、周健:《制度变迁视角下的中国二元经济转型》,社会科学文献出版社2021年版。

[200]张桂文:《二元转型及其动态演进下的刘易斯转折点讨论》,《中国人口科学》2012年第4期。

[201]张桂文:《推进以人为核心的城镇化 促进城乡二元结构转型》,《当代经济研究》2014年第3期。

[202]张桂文:《中国二元经济结构转换的政治经济学分析》,经济科学出版社2011年版。

[203]张桂文：《中国二元经济结构转换研究》，吉林人民出版社 2001 年版。

[204]张国防、姚星星：《我国破解城乡二元结构路径研究——基于农业供给侧结构性改革的视角》，《济宁学院学报》2018 年第 3 期。

[205]张建华、程文：《服务业供给侧结构性改革与跨越中等收入陷阱》，《中国社会科学》2019 年第 3 期。

[206]张俊山：《深刻把握"供给侧结构性改革"的科学内涵——基于马克思主义政治经济学视角的解读》，《当代经济研究》2019 年第 6 期。

[207]张俊山：《用马克思再生产理论指导我国的"供给侧结构性改革"》，《当代经济研究》2017 年第 7 期。

[208]张黎娜、夏海勇：《"刘易斯拐点"对城市经济集聚的影响机制研究》，《经济学家》2013 年第 7 期。

[209]张衔、杜波：《供给侧结构性改革的理论逻辑和本质属性》，《理论视野》2021 年第 5 期。

[210]张晓波、杨进、王生林：《中国经济到了刘易斯转折点了吗？——来自贫困地区的证据》，《浙江大学学报(人文社会科学版)》2010 年第 1 期。

[211]张志明、蔡之兵：《供给侧结构性改革的理论逻辑及路径选择》，《经济问题探索》2016 年第 8 期。

[212]赵显洲：《关于"刘易斯转折点"的几个理论问题》，《经济学家》2010 年第 5 期。

[213]赵玉峰、杨宜勇：《我国中长期人口发展趋势及潜在风险》，《宏观经济管理》2019 年第 8 期。

[214]郑尚植、王怡颖：《供给侧结构性改革的政治经济学解读——生产关系重构的视角》，《财经问题研究》2017 年第 9 期。

[215]中共中央文献研究室：《十八大以来重要文献选编(中)》，中央文献出版社 2016 年版。

[216]中共中央文献研究室：《习近平关于社会主义经济建设论述摘编》，中央文献出版社 2019 年版。

[217]中国人民银行上海总部调查统计部课题组：《刘易斯转折点研究：判断、趋势及对策(二)》，《金融发展评论》2011 年第 7 期。

[218]中国社会科学院农村发展研究所、国家统计局农村社会经济调查总队：《2005 年农村经济发展绿皮书》，社会科学文献出版社 2005 年版。

[219]钟钰、蓝海涛：《中国农村劳动力的变动及剩余状况分析》，《中国人口科学》

2009 年第 6 期。

[220]周健、张桂文:《刘易斯第一转折点是"短缺点"吗?——基于国际经验和中国的现实考察》,《当代经济研究》2020 年第 3 期。

[221]周健:《通货膨胀与"刘易斯转折点"的关系及其治理》,《财经科学》2009 年第 9 期。

[222]周密、刘秉镰:《供给侧结构性改革为什么是必由之路?》,《经济研究》2017 年第 2 期。

[223]周密、盛玉雪:《互联网时代供给侧结构性改革的主导性动力:工业化传统思路的局限》,《中国工业经济》2018 年第 4 期。

[224]周密、朱俊丰、郭佳宏:《供给侧结构性改革的实施条件与动力机制研究》,《管理世界》2018 年第 3 期。

[225]周天勇:《"刘易斯拐点"到来了吗》,《中国财经报》2010 年 8 月 3 日。

[226]周威:《论我国二元财政的演进及改革策略》,《北京工业大学学报(社会科学版)》2015 年第 4 期。

[227]周武英:《全球数字经济发展仍大有可为》,《经济参考报》2020 年 9 月 7 日。

[228]周燕、佟家栋:《"刘易斯拐点"、开放经济与中国二元经济转型》,《南开经济研究》2012 年第 5 期。

[229]周祝平:《人口红利、刘易斯转折点与经济增长》,《中国图书评论》2007 年第 9 期。

[230]朱方明、蔡彭真:《供给侧结构性改革如何提升制造业供给质量?》,《上海经济研究》2022 年第 3 期。

[231]《中共中央关于制定国民经济和社会发展第十四个五年规划和二〇三五年远景目标的建议》,《人民日报》2020 年 11 月 4 日。

[232]《中共中央国务院关于做好二〇二二年全面推进乡村振兴重点工作的意见》,《人民日报》2022 年 2 月 23 日。

[233][德]马克思:《资本论(第一卷)》,中共中央马克思、恩格斯、列宁、斯大林著作编译局译,人民出版社 2004 年版。

[234][美]阿瑟·刘易斯:《经济增长理论》,梁小民译,上海三联书店、上海人民出版社 1994 年版。

[235][美]道格拉斯·C.诺斯:《经济史中的结构与变迁》,陈郁、罗华平等译,上海人民出版社 1994 年版。

[236][美]费景汉、拉尼斯:《增长和发展:演进观点》,洪银兴译,商务印书馆 2004

年版。

[237][美]斯蒂芬·罗奇:《特朗普时代的中美潜在冲突:全球化的隐患》,朱琳译,《人民论坛·学术前沿》2017年第14期。

[238][美]托马斯·弗里德曼:《世界是平的:21世纪简史(3.0版本)》,何帆、肖莹莹、郝正非译,湖南科学技术出版社2008年版。

[239][日]南亮进、马欣欣:《中国经济的转折点:与日本的比较》,《中国劳动经济学》2010年第1期。

[240][日]南亮进:《经济发展的转折点:日本经验》,关权译,社会科学文献出版社2008年版。

[241][瑞]克劳斯·施瓦布:《第四次工业革命:转型的力量》,世界经济论坛北京代表处、李菁译,中信出版集团2016年版。

[242][瑞]施瓦布:《中国在全面塑造全球化4.0中发挥着核心作用》,《21世纪经济报道》2019年4月26日。

[243] Adelman I., Thorbecke E., *The Theory and Design of Economic Development*, Baltimore: Johns Hopkins Press, 1966.

[244] Anderson K., "Lobbying Incentives and the Pattern of Protection in Rich and Poor Countries", *Economic Development and Cultural Change*, Vol.43, No.2, 1995.

[245] Aoki M., Kuran T. and Roland G., *Institutions and Comparative Economic Development*, New York NY: Palgrave Macmillan, 2012.

[246] Aoki M., Wu J. L. (eds), *The Chinese Economy: A New Transition*, Basingstoke: Palgrave Macmillan, 2012.

[247] Basu B., "Another Look at Wage Distortion in a Developing Dual Economy", *Australian Economic Papers*, Vol.43, No.2, 2004.

[248] Basu B., "Efficiency Wages, Agglomeration, and a Developing Dual Economy", *Annals of Regional Science*, Vol.38, No.4, 2004.

[249] Chaudhuri S., "Wage Inequality in a Dual Economy and International Mobility of Factors: Do Factor Intensities Always Matter", *Economic Modelling*, Vol.25, No.25, 2008.

[250] Davis L. S., "Explaining the Evidence on Inequality and Growth: Informality and Redistribution", *The BE Journal of Macroeconomics*, Vol.7, No.1, 2007.

[251] Deininger K., Squire L., "New Ways of Looking at Old Issues: Inequality and Growth", *Journal of Development Economics*, Vol.57, No.2, 1998.

[252] Fei J. C. H., Ranis G., "Innovation, Capital Accumulation, and Economic

Development", *The American Economic Review*, Vol.53, No.3, 1963.

[253] Gamaut R., "Macro-Economic Implications of the Turning Point", *China Economic Journal*, Vol.3, No.2, 2010.

[254] Hansen G. D. and Prescott E. C., "Malthus to Solow", *American Economic Review*, Vol.92, No.2, 2002.

[255] Hayashi F., Prescott E. C., "The Depressing Effect of Agricultural Institutions on the Prewar Japanese Economy", *Journal of Political Economy*, Vol.116, No.4, 2008.

[256] Kueh Y. Y., Ash R. F., *Economic Trends in Chinese Agriculture: The Impact of Post-Mao Reforms*, New York: Oxford University Press, 1993.

[257] Kuznets S., "Economic Growth and Income Inequality", *The American Economic Review*, Vol.45, No.1, 1955.

[258] Lewis A., "Economic Development with Unlimited Supply of Labor", *The Manchester School*, Vol.22, No.2, 1954.

[259] Lewis A., "Reflections on Unlimited Labor", In Luis Eugenio Di Marco(ed.), *International Economics and Development*, New York: Academic Press, 1972.

[260] Minami R. and Ma X., "The Tuning Point of Chinese Economy: Compared with Japanese Experience", *Asian Economics*, Vol.50, No.12, 2009.

[261] Minami R., *The Turning Pointin Economic Development: Japan's Experience*, Tokyo: Kinokuniya, 1973.

[262] Myint H., "Organizational Dualism and Economic Development", *Asian Development Review*, Vol.3, No.1, 1985.

[263] Olson M., "The Exploitation and Subsidization of Agriculture in Developing and Developed Countries", *International Association of Agricultural Economists*, Málaga, Spain, 1985.

[264] Rakshit M., *The Labor Surplus Economy: A Neo-Keynesian Approach*, New Delhi: Macmillan, 1982.

[265] Ranis G., "Arthur Lewis' Contribution to Development Thinking and Policy", *The Manchester School*, Vol.72, No.6, 2004.

[266] Ranis G. and Fei J. C. H., "A Theory of Economic Development", *American Economic Review*, Vol.51, No.4, 1961.

[267] Todaro M. P., Tong S. Y., Wan J., "China's Supply-Side Reform: The Rationale and Implications", *East Asian Policy*, Vol.8, No.4, 2016.

[268]Todaro M. P., "A Model of Labor Migration and Urban Unemployment in Less Developed Countries", *American Economic Review*, Vol.59, No.1, 1969.

[269]Wang F., Wu J., Wu M., "Has the Economic Structure Optimization in China's Supply-Side Structural Reform Improved the Inclusive Green Total Factor Productivity?", *Sustainability*, Vol.13, No.22, 2021.

[270]Yuan J., Zhang W., Guo X., "Deepening Supply-side Structural Reforms in Coal Power with a Power Market", *Emerging Markets Finance and Trade*, Vol.57, No.3, 2021.

[271] Yuki K., "Education, Inequality, and Development in a Dual Economy", *Macroeconomic Dynamics*, Vol.20, No.1, 2016.

[272]Zhang W., Zhang L., Li Y., "Neglected Environmental Health Impacts of China's Supply-side Structural Reform", *Environment International*, Vol.115, 2018.

[273]Zhang Y., Shao T., Dong Q., "Reassessing the Lewis Turning Point in China: Evidence from 70,000 Rural Households", *China & World Economy*, Vol.26, No.1, 2018.

后　记

　　写到本书的后记,我的内心充满了感慨和喜悦。这是我个人出版的第二本专著,对我来说,有着特殊的意义。它不仅是我学术道路上的一个里程碑,更是我学术研究取得的一个重要突破,激励着我不断奋勇向前。

　　本书主要内容是我既有研究成果的进一步深化和拓展。读博期间,正值博士生导师张桂文教授主持国家社会科学基金重大项目"制度变迁视角下的中国二元经济转型研究",我追随张老师开始了二元经济问题的探索。2015年以"二元经济转型国际比较研究"为题,顺利完成博士答辩并毕业。2016年,在博士学位论文基础上,我出版了人生的第一本学术专著,那也是我刚刚步入高校工作的第二年,当时正在寻找和酝酿下一步的科研方向,我努力以二元经济理论为基础,开拓研究方向,拓展研究领域。幸运的是,2017年我成功立项国家社会科学基金青年项目"二元经济转型视域下供给侧结构性改革研究",自此开始了供给侧结构性改革与二元经济相结合的研究,2022年该项目结题,并被鉴定为良好等级。现在呈现的这本书主要内容就是我主持完成国家社会科学基金青年项目的结项成果。

　　基金结项的过程是一段挑战和收获并存的旅程。这一方面缘于自己当初立项的大胆探索,直至今日,将二元经济与供给侧结构性改革联系起来进行研究的学者较少,正因如此,结项的过程并非一帆风顺。这个过程就像在完成第二篇博士论文,伴随我的是无数的困惑、挫折、犹豫,但更多的是成长、坚持和收获。项目研究过程较长,前后近五年时间,其间也经历了新冠疫情、生娃带娃、博士后出站,然而,正是这些历练让我更加坚定和执着。从另一方面看,结项报告写作的过程更是一个学术自信的培育过程,我努力将自己的研究成果、理论思考和实践调研汇聚在一起,希望能提供一种新的视域,对供给侧结构性改革的研究更加深入系统。

感谢我的工作单位也是我的母校吉林财经大学,不仅引领我进入经济学的神圣殿堂,赋予我经济学的学术理论给养,而且为我提供成长与发展平台,促使我在科学研究上勇于求索。本书的出版得到吉林财经大学以及吉林财经大学经济学院的资助,在此表示感谢。本书的内容也是吉林财经大学研究阐释党的二十大精神专项项目、智库培育项目和物流产业经济与智能物流实验室开放基金项目的阶段性研究成果。

最后,感谢人民出版社的郑海燕老师及其他工作人员对本书出版付出的艰辛劳动。书稿引用了大量国内外珍贵的文献、学术观点,吸收了众多关于该问题的研究成果,在此一并表示感谢。

虽然尽己所能对二元经济转型视域下的供给侧结构性改革做了较为深入的研究,但是这一主题涉及的内容十分宽广,限于笔者水平有限和同类研究资料的不足,书中会存在一些不妥和疏漏之处,恳请各位读者不吝赐教,加以批评指正。希望书中的观点能给读者带来更多的灵感和思考,让我们共同努力,为我国经济高质量发展和中国式现代化的早日实现作出贡献。

孙亚南

2023 年 9 月

策划编辑:郑海燕
责任编辑:孟　雪
封面设计:石笑梦
版式设计:胡欣欣
责任校对:周晓东

图书在版编目(CIP)数据

二元经济转型视域下供给侧结构性改革研究/孙亚南 著. —北京:
　人民出版社,2024.6
ISBN 978 - 7 - 01 - 026419 - 6

Ⅰ.①二… Ⅱ.①孙… Ⅲ.①中国经济-经济改革-研究 Ⅳ.①F12

中国国家版本馆 CIP 数据核字(2024)第 058175 号

二元经济转型视域下供给侧结构性改革研究
ERYUAN JINGJI ZHUANXING SHIYU XIA GONGJICE JIEGOUXING GAIGE YANJIU

孙亚南　著

人民出版社 出版发行
(100706　北京市东城区隆福寺街99号)

北京九州迅驰传媒文化有限公司印刷　新华书店经销

2024 年 6 月第 1 版　2024 年 6 月北京第 1 次印刷
开本:710 毫米×1000 毫米 1/16　印张:11.5
字数:177 千字

ISBN 978 - 7 - 01 - 026419 - 6　定价:70.00 元

邮购地址 100706　北京市东城区隆福寺街 99 号
人民东方图书销售中心　电话 (010)65250042　65289539